HEYNE <

Der Autor

Dr. Jan Erik Sigdell, geboren 1938 in Göteborg, ist promovierter Medizintechniker und ein international anerkannter Experte für Reinkarnationstherapie. Seit den Siebzigerjahren hat Sigdell mehrere tausend Rückführungen durchgeführt und neue Methoden der Rückführungstherapie entwickelt.

Jan Erik Sigdell

Rückführung in frühere Leben

Weshalb wir wiedergeboren werden

Praxisbuch

WILHELM HEYNE VERLAG
MÜNCHEN

Hinweis: Die dem Buch beigelegte CD enthält eine Anleitung zur Selbstrückführung. Diese ist natürlich nicht für die Rückführungstherapie geeignet, wie sie sonst im Buch besprochen wird. Eine solche Therapie muss unbedingt von einem erfahrenen Therapeuten durchgeführt werden. Obwohl die Formulierung des Textes darauf hinzielt, dem vorzubeugen, kann nicht ausgeschlossen werden, dass in individuellen Fällen von psychischer Labilität oder psychotischer Belastung negative oder abwegige Reaktionen auftreten können. *Anwendung daher auf eigenes Risiko!*

FSC
www.fsc.org
MIX
Papier aus verantwortungsvollen Quellen
FSC® C014496

Verlagsgruppe Random House FSC® N001967
Das für dieses Buch verwendete FSC®-zertifizierte Papier
EOS liefert von Salzer Papier, St. Pölten, Austria.

Taschenbucherstausgabe 11/2014

Printed in Germany 2014
Umschlaggestaltung: Guter Punkt, München
Umschlagmotive: Himmel: © photowings / shutterstock
Kreise: © More Images / shutterstock
Redaktion: Anja Schmidt
Herstellung: Helga Schörnig
Satz: Schaber Datentechnik, Wels
Druck und Bindung: GGP Media GmbH, Pößneck

ISBN 978-3-453-70264-6

www.heyne.de

Inhalt

Vorwort

Dieses Buch basiert auf 24 Jahren Erfahrung mit Rückführungen beziehungsweise Rückführungstherapie. Auch wenn einige theoretische Aussagen von verschiedenen reinkarnationsbezogenen Lehren mit eingeflossen sind, handelt es sich hier doch im Wesentlichen um empirische Erkenntnisse und Einsichten in Zusammenhänge, wie sie aus Tausenden von Rückführungen hervorgegangen sind.

Erste Erfahrungen auf diesem Gebiet machte ich in den 70er-Jahren. 1974 führte ich als Experiment eine hypnotische Rückführung durch, danach folgten ungefähr zehn weitere, bis ich 1979 die nichthypnotische Technik von Bryan Jameison (USA) kennen lernen durfte. Ab 1980 wandte ich diese in meinen Sitzungen mit Klienten an, entwickelte sie jedoch im Laufe der Jahre weiter, woraus ein eigenes Vorgehen entstand.

Eine Frage, die mich in den vielen Jahren meiner praktischen Arbeit immer wieder beschäftigte, ist die, wie Reinkarnationsgedanke und Christentum vereinbar seien. Zu diesem Thema habe ich im Laufe der Jahre viele Nachforschungen angestellt und umfangreiches Material zusammengetragen, woraus das Buch *Reinkarnation, Christentum und das kirchliche Dogma* entstand. Das klare Ergebnis meiner Forschungen: Die Reinkarnationslehre ist nicht unchristlich, sondern nur unkirchlich.

Viele der geschilderten Rückführungserfahrungen, die auf den folgenden Seiten geschildert werden, gehören nicht gerade zu der Kategorie, die man »erfreulich« nennen würde. Das ist nur folgerichtig, da es dabei um die Auswirkungen von schlechten Taten und falschem Verhalten geht, beziehungsweise um ebendiese Taten selbst. Fast alle Personen, die eine Rückführungstherapie wählen, haben Probleme, die sie auflösen möchten. Die Ursache eines Problems – sofern sie in der Vergangenheit liegt, und das ist meistens so – findet man normalerweise in einem unangenehmen oder gar schlimmen Erlebnis in einem früheren Leben, wobei die karmische Ursache wiederum in einer Handlung liegt, die noch weiter zurückliegt. Nicht selten ist der Ursprung eines Problems jedoch auch in der Kindheit des jetzigen Lebens zu suchen. Schöne und angenehme Erlebnisse verursachen ja glücklicherweise keine Probleme. So werden wir in Rückführungen immer wieder mit karmischen Zusammenhängen zwischen leidvollen Erlebnissen und vorausgehendem Fehlverhalten konfrontiert, aber die Einsichten in diese Zusammenhänge sind sehr lehrreich – und oft heilsam.

Dutovlje, im Mai 2004 *Jan Erik Sigdell*

Ich möchte der Lektorin Anja Schmidt für ihre wertvollen Anregungen bei der Überarbeitung des Manuskriptes danken, sowie für ihre Fragen, die mich zur Vertiefung der Darstellung veranlassten.

1 *Reinkarnation macht das Leben erst sinnvoll*

Leiden wir ohne Grund? Widerfahren uns »Schicksalsschläge« oder »Zufälle« ohne jeden Sinn? Vor dem Hintergrund der Reinkarnation können diese Fragen eindeutig mit Nein beantwortet werden, denn der Reinkarnationsgedanke liefert uns eine sinnvolle Erklärung für die oft schmerzlichen, schwierigen Situationen und scheinbar unlösbaren Probleme, vor die uns dieses Leben stellt. Erfährt man diese als karmische Folgen aus der Vergangenheit statt als üble Laune des Schicksals, so verlieren sie schnell die Prädikate »grausam« oder »ungerecht«. Denn grausam wäre es nur, ohne Grund zu leiden.

Manch einer hält jedoch auch das Konzept des Karma für sinnlos, da man ja noch immer nicht wisse, weshalb man leide beziehungsweise welche schlechten Taten es seien, die einen nun diese bittere Suppe auslöffeln ließen. Dieser Einwand wurde bereits im Mittelalter in verschiedenen theologischen und kirchlichen Texten erhoben, die sich gegen die Glaubensvorstellungen der Gnostiker und anderer Glaubensrichtungen wandten, welche den Reinkarnationsgedanken beinhalteten. Aber damals wusste man noch nichts vom unbewussten Ich.

Eine wichtige Errungenschaft von Psychologie und Psychoanalyse und gewissermaßen der Durchbruch auf der Suche nach dem Sinn des Leidens ist die Entdeckung des Unbewussten beziehungsweise des unbewussten Ichs. In jenem größeren, aber unbewussten Teil unseres Ichs wissen wir nämlich ganz genau, weshalb wir heute eine bestimmte Erfahrung machen müssen, um auf der Ebene der Seele daraus zu lernen. Es ist nur das im Vergleich kleinere bewusste Ich, das es nicht weiß. In unserer Seele erkennen wir jedoch den Zusammenhang und lernen aus dieser Lektion, obwohl unser Verstand keine Ahnung davon hat.

Der Begriff des Karma

Ein paar erläuternde Worte sollen zum Begriff des »Karma« gesagt werden, der ja untrennbar mit dem Reinkarnationsgedanken zusammenhängt. Man versteht darunter die Auswirkungen unserer Taten, die wir – meist in einem späteren Leben – an uns selbst erfahren müssen. Das Wort kommt aus dem Sanskrit und bedeutet »Tat, Handlung, Auswirkung«. In östlichen Religionen und Weisheitslehren herrscht zumeist die Auffassung, dass wir unausweichlich am eigenen Leib die Folgen dessen erleben, was wir anderen angetan haben. Das sieht auf den ersten Blick danach aus, als würden schlechte Taten gesühnt, wir also für unrechtes Handeln bestraft werden. Die Praxis der Rückführungen zeichnet jedoch ein anderes Bild. Danach erscheint Karma vielmehr als *Lektion*. Haben wir jemandem Leid zugefügt, müssen wir selbst nur dann ähnliches Leid erfahren, wenn wir aus freien Stücken nicht zur Einsicht kommen. Leider zeigt die Erfahrung, dass allzu viele Menschen die Zeit bis an ihr Lebensende damit vertun, Rechtfertigungen und Ausreden für ihre Taten zu finden, statt zu bereuen und Verantwortung zu übernehmen. So muss die verpasste Gelegenheit eben nachgeholt werden, um zu lernen, dass Gewalt, Hass und Grausamkeit nicht der rechte Weg sind, miteinander umzugehen. Es wird darauf eine entsprechende Lektion folgen.

Doch es gibt auch »gutes Karma«. Wer es im Leben leicht hat, erfolgreich ist und glückliche Erfahrungen macht, der ist offensichtlich damit gesegnet. Trotzdem gibt es keinen Menschen, der gänzlich frei von Problemen wäre. Sonst müsste er nicht mehr reinkarnieren – seine Reise durch die Wiedergeburten wäre beendet.

Die Reinkarnationserfahrung als Weg des Verstehens

Gutes oder schlechtes Karma – indem wir in Rückführungen oder manchmal auch in Spontanerinnerungen frühere Inkarnationen erleben, werden uns die Zusammenhänge bewusst. Wir begreifen, weshalb wir im jetzigen Leben bestimmten Situationen und Schwierigkeiten begegnen und warum wir uns manchmal selbst ein Bein stellen. Letzteres beispielsweise wenn alte und heute nicht mehr notwendige Schuldgefühle verhindern, dass es uns gut geht – nach dem unbewussten Prinzip: »Es steht mir nicht zu. Ich habe das nicht verdient.« Auch kann uns bewusst werden, weshalb uns heute gewisse Ängste und Blockaden plagen, oder warum wir bestimmten Handlungs- und Beziehungsmustern folgen, die unser Leben komplizieren und immer neues Leiden verursachen.

Die Reinkarnationserfahrung lässt uns nicht nur verstehen, warum wir mit bestimmten Problemen oder wiederkehrenden Situationen konfrontiert sind, sie hilft auch, diese aus der Welt zu schaffen. Werden nämlich negative Gefühle, die aus der Vergangenheit stammen, noch einmal in der Ursituation nacherlebt, so können sie aufgelöst und für immer verabschiedet werden. Selbst wer es im Leben leicht hat, kann von der Reinkarnationserfahrung profitieren. Denn er erkennt, weshalb ihm heute bestimmte Dinge geschenkt werden, und auch worauf es ankommt, um diese Umstände nicht zu vertun oder zu missbrauchen, wodurch erneut ungutes Karma entstünde.

In manchen Fällen ist sogar erkennbar, wie eine Seele auf eine Bewährungsprobe gestellt wird. Sie wird zum Beispiel heute in eine Situation gestellt, die an eine vergangene anknüpft und muss nun schauen, wie sie damit zurechtkommt. Wie verhält sie sich dieses Mal? Hat sie aus den alten Fehlern gelernt? Dazu ein Beispiel aus meiner Praxis: Eine Frau lebt heute mit ihrem Mann in einem Kinderdorf. Ihr Mann leitet eine Organisation, die ein verlassenes Dorf übernommen und neu aufgebaut hat, um dort Waisenkinder aufzunehmen. Die Frau fühlte sich in diesen Verhältnissen zunächst gar nicht wohl. Es stellte sich heraus, dass sie in einem früheren Leben ein Waisenjunge war, der in einem Waisenhaus lebte. Jener Junge litt schwer unter der Lieblosigkeit und der strengen Zucht, die dort herrschten und die ihn fürs Leben zeichneten. Warum war ihm ein solches Schicksal zuteil geworden? Noch weiter zurück in der Zeit war meine Klientin Leiterin eines Waisenhauses gewesen und hatte die Kinder ebenso lieblos und unter strengem Regiment aufgezogen. Ihre Frustration hatte sie an einem Prügelknaben ausgelassen, der unter unwürdigen, hinterher vertuschten Umständen starb. So bekommt die ganze Geschichte ihren Sinn: In einem späteren Leben hatte sie am eigenen Leib eine ähnliche Erfahrung machen müssen, und heute muss sie im Kinderdorf zeigen, was sie aus all dem gelernt hat.

Indizien für die Reinkarnation

Es gibt eine Menge Indizien für die Reinkarnation. Eines davon ist natürlich die Tatsache, dass man sie in Rückführungen erleben kann. Auch wenn dadurch nicht bewiesen ist, dass man die erlebte Person tatsächlich einmal war, ist doch das Erlebnis an sich meist überzeugend. Wenige bezweifeln die Echtheit ihrer Erfahrung, sofern sie sie tatsächlich mit allen dazugehörigen Gefühlen durchlebt und nicht bloß wie ein Außenstehender betrachtet haben.

Doch natürlich dürstet der menschliche Verstand nach überprüfbaren Beweisen. So hat man schon oft versucht zu prüfen, ob die Person, die in einer Rückführung erlebt wurde, tatsächlich gelebt hat. Nicht selten verläuft diese Suche jedoch ergebnislos, was daran liegen kann, dass man am falschen Ort oder/und in der falschen Zeit sucht – aber es kann auch daran liegen, dass die Person damals eine völlig unbedeutende Rolle spielte und deswegen keine Aufzeichnungen über sie existieren. Fakten sind meist unsicher, und wenn man in der Rückführung danach fragt, kommen die Antworten oft etwas unwirsch, etwa mit einem Unterton von »Warum fragst du danach? Das ist doch gar nicht wichtig!« Deshalb kann man Orte mit ähnlichen Namen verwechseln oder sich im Jahrhundert irren. Auf der rationalen Ebene möchten wir diese Dinge aber wissen und oft will das auch die rückgeführte Person – *nach* der Rückführung. In der Rückführung selbst spricht sie eher aus ihrer Seele heraus, und der Seele sind die so genannten harten Fakten ziemlich egal. Für sie ist wichtig, was sie erlebt hat und weshalb, wie sie sich dabei fühlte und was sie daraus lernen sollte. Auch ist ihr daran gelegen, dem Verstand die Zusammenhänge zwischen damals und jetzt begreiflich zu machen. Wann und wo alles geschah, ist dabei unerheblich. Trotzdem kommen in vielen Rückführungen Fakten zu Tage, die sich nachprüfen lassen. Es existiert eine ganze Reihe von Fällen, in denen Angaben über die Person, als die sich der Klient in der Vergangenheit erlebt hat, tatsächlich bestätigt werden konnten.

Nachgeprüfte Fälle

Es gibt nicht wenig Literatur über Rückführungsfälle, in welchen die Existenz der erlebten Person erwiesen wurde. Zu den erstaunlichsten Fällen gehört der von Antonia, einer Klientin der amerikanischen Psychotherapeutin Linda Tarazi. Antonia war ihr Name in einem Leben im 16. Jahrhundert. In Westindien als Tochter eines spanischen Offiziers und einer deutschen Mutter geboren, kam sie in ihrer Jugend nach Deutschland und lebte dort bei einem Onkel, der Professor war. Um studieren zu können, verkleidete sie sich als Mann und wurde Student in Heidelberg und Oxford. Später lebte sie bei ihrem pensionierten Vater in Cuenca in Spanien. Ihre Geschichte enthält eine große Menge an Daten und Einzelheiten, die nicht in gewöhnlichen Enzyklopädien und historischen Standardwerken aufzufinden waren. Sie konnten nur durch alte Schriften und verstaubte, vergessene Dokumente in Archiven – welche die Klientin mit Sicherheit nie gesehen hatte – bestätigt werden. Tarazi schreibt: »Was sie über unbekannte Personen und ihr Leben vor vierhundert Jahren weiß, an Orten, von welchen die meisten nie gehört haben, stimmt in beunruhigendem Maß mit den Tatsachen überein.« Sie hatte in Oxford den italienischen Philosophen Giordano Bruno kennen gelernt, der erwiesenermaßen zu jener Zeit tatsächlich dort war. Sie erwähnte eine Hochschule in Cuenca. Spanische Behörden bestritten deren Existenz und machten sich keine Mühe, der Sache nachzugehen. Schließlich fanden sich aber in nahezu unbekannten Geschichtsabhandlungen Belege, dass es dort zu dieser Zeit tatsächlich eine Hochschule gegeben hatte. Dies sind nur ganz wenige Beispiele aus einer Fülle von Fakten, welche die Versuchsperson in den ihr unbekannten Schriften mit Sicherheit nicht nachlesen konnte, zumal sie heute kein Spanisch spricht. Manche Dokumente waren überdies gar nicht öffentlich zugänglich.

Ein weiterer hochinteressanter Fall ist der des amerikanischen Kriminologen Robert L. Snow, der weder an Reinkarnation noch an die Möglichkeit der Rückführung glaubte, aber dennoch bereit war, sich dem Experiment einer hypnotischen Rückführung zu stellen. Darin erlebte er sich als ein amerikanischer Maler im 19. Jahrhundert, der auch eine Weile in Frankreich gelebt hatte. In einer Szene fiel ihm ein Gemälde auf. Die Erinnerung daran ließ ihn nicht los und er suchte es später vergeblich in allerlei Kunstbüchern. Er meinte, er müsse das Bild irgendwann in diesem Leben gesehen haben, und wenn er es in einem Buch finden könnte, würde er sich wieder daran erinnern. Die Suche verlief jedoch ergebnislos. Dann unternahm er mit seiner Frau eine Reise nach New Orleans. Sie besuchten eine Galerie, wo er wie vom Blitz getroffen war: Hier war das Bild ausgestellt! Er meinte immer noch, das Bild schon vorher einmal gesehen zu haben, wurde aber vom Galeristen darüber aufgeklärt, dass das auszuschließen sei. Es habe sich nämlich bisher in Privatbesitz befunden und sei nie zuvor öffentlich gezeigt worden. Der Galerist konnte auch biografische Angaben über den ziemlich unbekannten Künstler vorweisen. Snow wurde ganz schwindlig, als er sie las: Sie stimmten genau mit seinem Rückführungserlebnis überein, das er bis dahin als Fantasie abgetan hatte.

Es gibt noch viele weitere dokumentierte Fälle, in denen nachgeprüft werden konnte, dass bestimmte Details aus Rückführungserlebnissen tatsächlich der Wahrheit entsprachen.

Ein Mordfall in Buffalo, USA, wurde nie aufgeklärt. Grace Doze wurde 1927 tot aufgefunden, aber die Umstände blieben rätselhaft und die Sache wurde schließlich ad acta gelegt. 60 Jahre später erlebte sich eine 26-jährige Frau in der hypnotischen Rückführung durch Bruce Goldberg als Grace Doze und konnte die Geschichte aufklären. Der Mörder war ihr Ehemann gewesen und sie erkannte ihn heute in seiner neuen Inkarnation als ihren Geliebten wieder, zu dem sie trotz seines sehr negativen Verhaltens eine unerklärliche Anziehung spürte. Nach der Rückführung konnte sie sich von dieser problematischen Beziehung lösen. Was die Frau in der Rückführung erzählte, stimmte mit nachher aufgefundenen Zeitungsberichten sowie amtlichen Urkunden über Grace genau überein.

Schon fast als Klassiker mag der folgende Fall gelten – ein weitgehend bestätigter Fall des Amerikaners Morey Bernstein. Virgina Tighe erlebte sich als die Irin Bridey Murphy, die Anfang des 19. Jahrhunderts geboren wurde. Auch wenn Bridey Murphy in Dokumenten nie gefunden wurde, konnte sonst fast alles als richtig nachgewiesen werden, was Frau Tighe über das Leben in Irland zu jener Zeit erzählte. Man hat sich darum bemüht, die Geschichte als Humbug und Erfindung zu entlarven, wobei man dies, wie sich später herausstellte, sogar mit Verleumdungen und Lügen glaubhaft machen wollte. Damit haben sich diese Bemühungen natürlich selbst entlarvt. Über dieses Buch wurde wiederholt und ausführlich berichtet, sodass diese kurze Erwähnung hier genügen darf.

Reinkarnation in der Diskussion

Es wird sicher niemanden verwundern, dass die Reinkarnation ein Thema ist, das die Geister scheidet, scheint sie doch unser gängiges westliches Weltbild grundlegend in Frage zu stellen. So gibt es besonders kritische Zeitgenossen, die sich bemühen, gerade diese nachprüfbaren Fälle zu widerlegen.

Ein recht bekannter Fall, den der Engländer Arnall Bloxham dokumentiert hat, ist der von Jane Evans, die sich in einer hypnotischen Rückführung unter anderem als eine Jüdin in York zur Zeit des Massakers 1190 erlebt hat. Die Pogrome sind geschichtlich belegt. Sie und ihre Kinder fanden mit Hilfe eines wohlgesinnten Pfarrers Zuflucht in der Krypta einer Kirche. In der als wahrscheinlichste in Frage kommenden Kirche gab es aber keine Krypta. Im Jahre 1975 führte man dort Reparatur- und Umbauarbeiten durch und entdeckte nun einen verdeckten Eingang zu einer verborgenen Krypta!

Der englische Schriftsteller Melvin Harris ist einer der erwähnten Skeptiker und hat sich sehr darum bemüht, Evans' Angaben zu widerlegen. Auch wenn er zu anderen ihrer Erlebnisse – sie hat mehrere frühere Leben nacherlebt – zugegebenermaßen einige Fakten ausgegraben hat, die nachdenklich stimmen, sind ihm dabei auch Fehler und vielleicht eher unbewusste Zurechtlegungen unterlaufen. In dem erwähnten Fall jedoch versucht er die Sache mit der Krypta herunterzuspielen und will mit wenig überzeugenden Argumenten in Zweifel ziehen, dass Jane Evans wirklich jene Kirche gemeint und dass es jenen verborgenen Raum unter der Kirche schon damals gegeben habe. Manche Dinge hat Harris auch sonst auffallend subjektiv interpretiert. So kritisiert er beispielsweise, dass Jane Evans von einem Ghetto sprach, weil diese Bezeichnung erst drei Jahrhunderte später entstand. Es ist jedoch eine sich wiederholende Erfahrung, dass die erlebten Situationen in Rückführungen mit dem heutigen Wortschatz beschrieben werden. Jane Evans sprach dementsprechend in der Rückführung auch modernes Englisch und kein mittelalterliches.

Da Gegner des Reinkarnationsgedankens wie Harris die Evidenz von Rückführungserlebnissen bisher weitgehend unwidersprochen mit allen Mitteln widerlegen wollen, wird es Zeit, auch ihr Vorgehen näher zu studieren und ihre Überlegungen kritisch auszuwerten. Es finden sich darin Irrtümer, subjektive oder an den Haaren herbeigezogene Deutungen, und manche Tatsachen werden regelrecht verdreht.

Zweifler fragen auch immer wieder nach wissenschaftlichen Beweisen für die Reinkarnation. Die Schulwissenschaft gibt nur vage Kriterien dafür an, wie ein solcher Beweis geführt werden könnte. Kommt man diesen Kriterien nahe, so wird die Latte oft höher gelegt. Man könnte fast vermuten, dass solche Beweise nicht wirklich erwünscht sind. Überzeugende Beweise *gegen* die Reinkarnation werden jedoch auch nicht ins Feld geführt, sondern hier wird häufig auf Glaubenssätze verwiesen – von Seiten der Kirche ebenso wie in der Schulwissenschaft. Die Kirche wendet beispielsweise oft ein, dass die Bibel der Reinkarnation widerspreche, da Körper und Seele untrennbar seien. In Wahrheit findet sich aber keine Bibelstelle, die dies belegt. Die Schulwissenschaft bringt vielfältige Einwände vor, beispielsweise jenen, dass das Ich nur ein elektrochemischer Zustand in Gehirn und Nervengewebe sei, das mit dem Zerfall dieses Gewebes zu existieren aufhöre. Natürlich kann eine solche »Beweisführung« nicht überzeugen. Hier soll uns wohl vielmehr ein Weltbild verkauft werden.

Kryptomnesie – verborgene Erinnerungen

Ein beliebter Einwand gegen die Reinkarnationserfahrung ist auch die Kryptomnesie, was so viel heißt wie »verborgene Erinnerung«. Von Kryptomnesie spricht man dann, wenn die rückgeführte Person irgendwann in ihrem heutigen Leben von der Person gelesen oder gehört hat, als die sie sich nun erlebt. Sie hat lediglich vergessen, dass sie diese Geschichte schon kannte. Der Inhalt des Gelesenen oder Gehörten kommt nun aus dem unbewussten Ich hoch und die Person identifiziert sich damit.

In der Tat kann nicht ausgeschlossen werden, dass Fälle von Kryptomnesie vorkommen. Nur selten aber ist dies auch hieb- und stichfest zu belegen. Einige Gegner des Reinkarnationsgedankens gehen jedoch davon aus, dass es sich bei den in Rückführungen gemachten Erfahrungen *immer* um Kryptomnesie handele. Wenn man auch in bestimmten Fällen zumindest die Möglichkeit nachweisen kann, beweist dies aber natürlich noch nicht, dass es tatsächlich so ist, und schon gar nicht, dass wir es in allen anderen Fällen ebenfalls mit »verborgenen Erinnerungen« zu tun haben.

Man findet manchmal ein Buch, in welchem die gleiche oder eine ähnliche Geschichte erzählt wird, die ein Klient in einer Rückführung erlebt hat, und meint, er müsse sie dorther haben. Es steht aber in den meisten Fällen der Nachweis aus, dass er das Buch tatsächlich gelesen hat. Die bloße Existenz des Buches genügt nicht als Einwand, sondern kann im Gegenteil auch als Bestätigung der Geschichte gewertet werden, sofern der Text auf historischen Tatsachen beruht.

In der Psychologie hat man sogar ein Verfahren ersonnen, das dazu dienen soll, Rückführungserlebnisse als Kryptomnesie zu »entlarven«. Da dieses Verfahren von manchen Skeptikern gern als Beweis – von manchen sogar als *der* Beweis – für die Richtigkeit der Kryptomnesiehypothese angesehen wird, möchte ich hier kurz darauf eingehen. Das Verfahren wurde von Edwin S. Zolik, USA, eingeführt und dann von dem Finnen Reima Kampman aufgegriffen. Man versetzt den Probanden (erneut) in Hypnose und fragt, wo er *in diesem*, also im heutigen Leben von der Geschichte der zuvor erlebten Person gehört habe, oder wo er etwas Ähnliches gelesen oder gesehen habe. In einem Artikel hat Zolik dies an einem Beispiel dargestellt. Er musste aber die Person ziemlich bedrängen, bis sie eine für ihn annehmbare Antwort geliefert hat. Sie hatte sich im 19. Jahrhundert als den Iren Brian O'Malley erlebt. Da sie in der zweiten Hypnosesitzung keinen Film und kein Buch angeben konnte, aus dem sie die Geschichte habe, reagierte sie erst etwas verwirrt auf Zoliks Fragen. Dann »einigte« man sich schließlich darauf, dass der Großvater von einem Timothy O'Malley erzählt habe, den er angeblich hasste. Da der Großvater auch die Versuchsperson nicht besonders mochte, habe sie sich mit jenem Mann unbewusst identifiziert. Meines Erachtens ist diese Erklärung recht weit hergeholt. Die Vornamen stimmten nicht überein und es ließen sich kaum weitere konkrete Informationen über Timothy O'Malley herausfinden, die zur Erlebnisgeschichte passten.

Kampman berichtete von einem Fall, in dem eine junge Frau sich im mittelalterlichen England als Dorothy erlebte. Sie sang sogar in altertümlichem Englisch ein Sommerlied. In einer zweiten Hypnosesitzung wurde die Frau aufgefordert, zu einer Situation in ihrem heutigen Leben zurückzugehen, in der sie das Lied zum ersten Mal gehört oder gelesen habe. Sie hatte tatsächlich als junges Mädchen in einem Buch über Musikgeschichte geblättert, worin das Lied mit Noten verzeichnet war. Jedoch hielt diese Erklärung einer Überprüfung meinerseits nur bedingt stand. Es war in diesem Musikbuch lediglich etwa ein Drittel des betreffenden Liedes abgedruckt. Dies stellte sich heraus, als ich in einem anderen Buch das komplette Lied fand. Da Reima Kampman inzwischen verstorben ist, habe ich bei seiner Frau angefragt, ob sie mir eine Kopie der Aufnahme jener Sitzung überlassen könne. Dies wurde damit beantwortet, dass das Band angeblich von ihrem Mann durch Überspielen versehentlich gelöscht worden sei. Eine erneute Anfrage, ob Dorothy dem Eindruck nach ein ganzes Lied oder nur einen Teil davon gesungen habe, blieb leider unbeantwortet. Denn hätte sie alle Strophen des Liedes gesungen, wäre ja die Kryptomnesie-Behauptung widerlegt gewesen. Auf jeden Fall muss man feststellen, dass die Befragung recht suggestiv verlief. Kampman hatte vornherein festgelegt, dass der erste Kontakt mit dem Lied in diesem Leben stattgefunden haben müsse. Bei einer neutralen Fragestellung hätte man dagegen offen lassen müssen, wann dies geschehen sei – in diesem Leben oder bereits zuvor. Aber allem Anschein nach wollte man eine bestimmte Antwort lieber nicht hören. Aus der Sicht des Reinkarnationsgedankens kann man aber genauso gut davon ausgehen, dass der Klientin das Lied beim Blättern im Buch deshalb auffiel, weil sie es unbewusst erkannte.

Rückführungen begünstigen die Heilung

Ein weiteres Indiz dafür, dass Reinkarnation kein theoretisches Konstrukt ist, sondern tatsächlich erlebt werden kann, ist die heilsame Wirkung, die Rückführungserlebnisse oft haben. Um ein einfaches Beispiel zu nennen (meistens ist die Sache komplexer): Jemand hat Höhenangst. Er erlebt, wie er in einem früheren Leben von einem wütenden Rivalen hoch oben in einer Burg durchs Fenster hinausgestoßen wird. Er fällt auf die tief darunter liegenden Felsen und stirbt. Erlebt er dies mit allen Gefühlen nach und werden diese anschließend aufgelöst, so wird er danach keine Höhenangst mehr haben. Kann man das mit Kryptomnesie erklären? Es wäre auf jeden Fall weit hergeholt. Die nahe liegendste Erklärung ist doch, dass die Person als Seele – nur in einem anderen Körper – den Sturz tatsächlich erlebt hat und dass die unbewusste Erinnerung an die schrecklichen Gefühle von damals hochkommt, sobald sie sich in einer ähnlichen Lage oder Umgebung befindet. Ist nun die eigentliche Ursache gefunden und konnten die entsprechenden unbewussten emotionalen Energien wahrgenommen und damit aufgelöst werden, so kann auch die Angst verschwinden.

Stellt es sich zudem heraus, dass jener Rivale, der dem Klienten in dem vergangenen Leben den Todesstoß versetzt hat, heute sein Vater ist, der ihn stets abschätzig behandelte und der gegen seine Ehe war, die der Klient trotzdem einging, eröffnen sich neue Aspekte. War diese Vater-Sohn-Beziehung nicht eben unproblematisch, lässt sich leicht erahnen, weshalb – erst recht, wenn die heutige Ehefrau damals die Frau war, um die jene erbitterte Rivalität entstand.

Symboldramen

Natürlich wird auch immer wieder behauptet, solche Erlebnisse seien nur ein Symboldrama – also eine Erklärung oder Abbildung der aktuellen Situation durch symbolische Bilder aus dem Unbewussten. In unserem Beispiel würden der Rivale und die umworbene

Frau also im Erleben des Klienten nur entsprechende Rollen spielen, die nicht als Wiedererleben eines tatsächlichen vergangenen Geschehens zu deuten wären.

In der modernen Psychologie befasst man sich viel mit Symbolerlebnissen, nicht nur in Träumen, sondern auch durch dafür ausgearbeitete Techniken in Sitzungen, die eine gewisse Ähnlichkeit mit Rückführungen haben, insbesondere das so genannte »katathyme Bilderleben« nach Hanscarl Leuner. Wer aber eine Geschichte in einer Rückführung konkret erlebt hat, lässt sich meist schwer von solchen Erklärungsversuchen überzeugen.

Nun kommen aber tatsächlich Symboldramen in Rückführungen vor. Nicht sehr oft, aber manchmal. Diese lassen sich meistens recht gut als solche erkennen – zum Beispiel daran, dass manche Erlebnisinhalte für unsere Auffassung einer »realen Welt« unwirklich erscheinen. Prüfen wir dann die Sache mit dem »inneren Helfer« (siehe Kapitel 2) nach, kann sich herausstellen, dass es sich um eine Symbolik handelt – aber auch, dass es doch um ein tatsächliches früheres Erlebnis geht, in dem allerdings manche Erlebnisabschnitte oder Einzelheiten unbewusst abgeändert wurden. Umgekehrt bin ich davon überzeugt, dass in der vielen Arbeit mit »Symboldramen« in der neueren Psychologie manche Erlebnisinhalte aus früheren Leben stammen. Sie werden nur alle in den gleichen Topf geworfen, da die Schulpsychologie den Reinkarnationsgedanken zurückweist. Also wird man bei solchen Verfahren wahrscheinlich manche Rückführungen machen, ohne es zu wissen (oder wissen zu wollen) …

Gegenseitige Bestätigung

Besonders überzeugend sind Fälle, in welchen zwei Menschen erleben, dass sie sich in einem früheren Leben schon gekannt haben. Sie erleben, unabhängig voneinander, in ihren Rückführungen die gleiche Geschichte, nur als die jeweils andere Person. Ein drastisches Beispiel ist das folgende. Ich machte einmal eine Rückführung mit einem Mann, der sich in einem früheren Leben als Henker erlebte. Er hatte eine heimliche Liebesbeziehung mit einer Frau. Der Herrscher der Gegend war hinter derselben Frau her, die ihn jedoch zurückwies. Im Zorn darüber klagte er sie als Hexe an und sie sollte hingerichtet werden. Der Henker, ihr heimlicher Geliebter, musste dieses Urteil vollstrecken. Der geschmähte Herrscher verlangte aus Rache eine langsame Hinrichtung durch Räderung. Das Einzige, was der Henker noch für seine Liebste tun konnte, war, ihr wenigstens ein schnelles Ende zu bereiten. Er wusste, dass wenn er es nicht täte, täte es ein anderer, und der würde sich höchstwahrscheinlich mehr Zeit lassen. Außerdem würde er bei einer Befehlsverweigerung selbst hingerichtet werden und dadurch der Frau auch nicht helfen, geschweige denn sie retten können. Also tötete er rasch die Frau seines Herzens, natürlich mit sehr schweren Gefühlen. Danach weigerte er sich allerdings, weiterhin Henker zu sein, und wurde eingekerkert. Man ließ ihn im Verließ verhungern. In der Rückführung erkannte mein Klient, dass jene Frau heute seine Freundin sei. Ich bat ihn, ihr nichts davon zu erzählen.

Ein paar Tage später führte ich auch mit der Freundin eine Rückführung durch. Sie erlebte das Gleiche aus der Sicht jener hingerichteten Frau. Diese Geschichte erklärte Probleme in der Beziehung und wies auf ihre Lösung hin. Die Versöhnung zwischen ihren Seelen spielte dabei eine wesentliche Rolle und fiel der Frau nicht schwer, da sie nun erkannte, aus welcher im Grunde positiven Motivation heraus ihr damaliger Geliebter sie getötet hatte.

Solche Fälle von gegenseitiger Bestätigung sind nicht ungewöhnlich, sofern die Chance besteht, beide Personen zurückzuführen. Dabei muss natürlich angestrebt werden, dass die zweite Person auch in die gleiche Zeitperiode zurückgeht, und nicht in ein anderes früheres Leben in einer ganz anderen Epoche. Darüber hinaus muss aber alles offen gelassen werden.

So erhalten wir nicht nur einen Beleg für die Reinkarnation, sondern es wird echte Heilung möglich im Hier und Heute.

Christliche Hinweise auf die Reinkarnation

Wir leben in der westlichen Welt in einer christlichen Kultur. Auch wer einen anderen Glauben hat oder Atheist ist, wird von dieser Kultur mehr oder weniger geprägt. Christliche Glaubenssätze sind uns zumindest bekannt, wenn nicht gar eine wesentliche Grundlage unseres Lebens. Dabei gibt es durchaus christliche Inhalte, über die man sich wundern kann. Es steht zum Beispiel in der Bibel, dass wer zum Schwert greift, durch das Schwert vernichtet werde (Matth. 26,5). Und doch finden wir dafür in unserer Umwelt kaum Bestätigung. Der überlebende Soldat wird nach dem Morden auf dem Schlachtfeld sogar als Held gefeiert. Manche Mörder entkommen der weltlichen Gerechtigkeit und sterben friedlich und in Freiheit, da der Fall nicht aufgeklärt werden konnte. Ansonsten werden sie nach vielen Jahren aus der Haft entlassen – bei »guter Führung« sogar frühzeitig – und keineswegs getötet, einmal abgesehen von den Ländern, in denen es heute noch die Todesstrafe gibt. Sollte also das Bibelwort nicht stimmen? Hier bietet die Reinkarnation eine Lösung des Rätsels: Die verübte Tat wird in einem späteren Leben auf einen selbst zurückfallen.

Was du anderen tust, das wird auch dir getan werden (u. a. Obadia 15, 1. Mos. 9,6, Gal. 6,7). Wo sehen wir das im täglichen Leben bestätigt? Jemand vergewaltigt als Soldat Frauen im Feindesland und kommt ja in diesem Fall nicht einmal vor Gericht. Eine solche Tat gilt mehr oder weniger als »Recht des Eroberers« und ist oft Teil einer »psychologischen Kriegsführung«. Auch andernorts geschehen Vergewaltigungen, die häufig nicht einmal aufgeklärt werden. Die Täter laufen also frei herum. Und dass ihnen dasselbe Unrecht am eigenen Leib geschieht, ist ja nun auszuschließen. Wer würde es da für ungerecht halten, wenn der Vergewaltiger im nächsten Leben eine Frau wird und selbst vergewaltigt wird? Diese Lektion würde dazu führen, dass seine Seele erfährt, was sein Opfer im letzten Leben gefühlt hat. Und die Seele lernt daraus, so etwas nie wieder zu tun.

Es gibt noch viele weitere Bibelworte, die uns zunächst unverständlich bleiben, für die jedoch die Reinkarnation eine logische Erklärung wäre. Wer hat beispielsweise im Religionsunterricht kein revoltierendes Gefühl gehabt, als es um die Aussage ging, dass ein Sünder bis in die dritte und vierte Generation verfolgt werde (2. Mos. 20,5; 4. Mos. 14,18; 5. Mos. 5,9). Dies wird so ausgelegt, dass seine Kinder, Enkelkinder und so weiter für seine Sünden büßen sollten. Etwas Ungerechteres kann man sich wohl kaum vorstellen. Dabei soll doch Gott gerecht und liebevoll sein.

Schon die urchristlichen Gnostiker, von welchen erwiesenermaßen die Mehrzahl reinkarnationsgläubig war, verstanden hier nicht »Generation«, sondern »Inkarnation«, was unter anderem in alten gnostischen Schriften nachzulesen ist. Wenn man es so »unkirchlich« – aber nicht unchristlich – auffasst, dann geht die Gleichung auf. Plötzlich ergeben die genannten Bibelstellen einen Sinn; eine tiefere Gerechtigkeit wird offenbar – und sogar eine liebevolle Gnade Gottes, da uns die Gelegenheit zu Sühne, Wiedergutmachung und damit zur Heilung der Seele gegeben wird.

Das heißt: Keine Seele ist für ewig verloren; jede bekommt immer wieder eine neue Chance, bis sie es endlich schafft, aus dem Kreislauf der Wiedergeburten herauszukommen und in die göttliche Lichtwelt zurückzukehren. Die gnostischen Urchristen kannten keine »ewige Verdammnis« und kein »ewiges Schmoren in der Hölle«, sondern nur eine zeitlich begrenzte Bestrafung. Und diese dauert nach gnostischer Auffassung nur so lange, wie die Seele für ihre Umstimmung braucht.

Die Schwierigkeiten der Physik mit der Seele

Es spricht also – neben den lebendigen Erfahrungen unzähliger Rückführungen – auch einiges an Fakten und logischen Überlegungen für die Reinkarnation. Leider reicht das offenbar nicht aus, um auch die Schulwissenschaft zu überzeugen. Denn diese hat in der Regel ein

Problem mit der Idee der Seele, welche natürlich eine Voraussetzung für die Reinkarnation ist. Denn die Seele ist der Teil von uns, der nach dem Tod ohne Körper weiterexistiert. Und diese Vorstellung will so gar nicht ins »wissenschaftliche« Weltbild passen. Wo sollte denn diese Seele sein? Ein immaterielles Ich, das handelt und erlebt, fühlt und sich erinnert. Viele meinen, dass es so etwas nicht geben könne.

In der modernen Physik rechnet man manchmal mit mathematischen Modellen, die mehr als die durch unsere Sinnesorgane wahrnehmbaren drei Dimensionen umfassen. Manche Rechnungen gehen sonst nicht auf. Man hat aber Mühe, das, womit man rechnet, auch für wahr zu halten, und betrachtet es lieber als einen »mathematischen Trick«. Was man in den Gleichungen gern als so genannte »Freiheitsgrade« bezeichnet, hat den Charakter von höheren Dimensionen. In der modernen Gravitationstheorie beispielsweise muss man mit einer vierten Dimension umgehen, zu welcher unter anderem – aber sicher nicht nur – die Zeit gehört. Man spricht hier von Raumkrümmungen: In der Nähe großer Massen, beispielsweise Planeten und Sterne, »krümme« sich der dreidimensionale Raum, woraus die Gravitation entstehe. Und wohin krümmt sich der Raum? Wohl in eine vierte Dimension hinein.

Nehmen wir diese Gleichungen der mathematischen Physik etwas ernster und postulieren die Möglichkeit, dass nicht nur vier, sondern vielleicht fünf, sechs oder gar sieben oder acht Dimensionen des Kosmos existieren, dann bekommen wir eine Idee davon, wohin wir nach dem Tode gehen. Wenn es diese für unsere fünf Sinne nicht wahrnehmbaren Dimensionen gibt, dann können wir davon ausgehen, dass wir uns schon heute – in diesem körperlichen Dasein – auch in jenen Dimensionen aufhalten. Wir wissen es nur (noch) nicht (oder nicht mehr). Vermutlich erkennen wir es, wenn wir sterben. Und diese Erkenntnis wird wohl das »Erwachen aus dem Schlaf« sein, von dem die östlichen Philosophien und Religionen oft sprechen. Sie sagen, dass wir nach dem Sterben – oder auch in der Erleuchtung – auf das vorausgehende Leben wie auf einen Traum zurückblicken und das Gefühl haben, aus einem Schlaf erwacht zu sein.

2 *Die Rückführungstherapie*

Die Geschichte der Rückführung geht zurück in die erste Hälfte des 19. Jahrhunderts. Man führte verschiedene Experimente mit Hypnose durch und beobachtete dabei ein Phänomen, das zwar selten, aber dafür immer wieder spontan auftrat: Eine in Hypnose versetzte Person verhielt sich, als wenn sie eine andere Person wäre als heute, eine Person, die in einer anderen Zeit, in einem anderen Land lebte und vielleicht sogar anderen Geschlechts war. Die Schulwissenschaft fand keine andere Erklärung dafür, als dies für »hypnotische Halluzinationen« zu halten, aber einige Pioniere nahmen das Phänomen ernster und untersuchten es näher. Eine Erklärung des Phänomens war die für die Schulwissenschaft verpönte Reinkarnationslehre. So fing man bereits Mitte des 19. Jahrhunderts an, vor dem Hintergrund der Reinkarnationshypothese hypnotische Rückführungen durchzuführen. Zu den Pionieren auf diesem Gebiet gehörten Fernández Colavida und Estevan Marata in Spanien, Albert de Rochas (d'Aiglun) in Frankreich und im 20. Jahrhundert John Björkhem in Schweden, Asa Roy Martin in den USA, der britische Psychiater Denys Kelsey und der Amerikaner Morey Bernstein. In den 60er-Jahren kam dann noch eine ganze Reihe von Ärzten, Psychiatern und Therapeuten hinzu.

Man entdeckte allmählich, dass es auch ohne Hypnose geht. Und so entstanden eine ganze Reihe verschiedener nicht-hypnotischer Techniken. Heute werden Rückführungen größtenteils ohne Hypnose durchgeführt.

Hypnotisch oder nicht-hypnotisch?

Nun streiten sich einige darüber, was hypnotisch ist und was nicht. Die Definition ist aber klar genug. Das griechische Wort *hypnos* bedeutet »Schlaf«; in der Hypnose wird laut Definition eine Person mit Schlafsuggestionen in einen schlafähnlichen Zustand erhöhter Suggestibilität versetzt. Dabei ist das Wachbewusstsein mehr oder weniger ausgeschaltet. Verwendet man keine Schlafsuggestionen und kommt es höchstens zu einem »Dösen«, kann man deshalb von einem nicht-hypnotischen Vorgehen sprechen – auch wenn die Vertreter der Hypnose gern jede Art von verändertem Bewusstseinszustand »beschlagnahmen« würden.

Natürlich gibt es keine scharf verlaufende Grenze zwischen einem hypnotischen und einem nicht-hypnotischen Erlebniszustand. In einem Zwischenbereich fließen beide ineinander. Man könnte dann von einem leicht hypnotischen Zustand sprechen. Eine tiefhypnotische Rückführung verläuft jedoch ganz anders als eine nicht-hypnotische. Erlebt eine Person eine Rückführung in tiefer Hypnose, wird sie sich voll und ganz als die damalige Person erleben und nicht mehr wissen, wer sie heute ist. Sie kennt dann beispielsweise keine Autos, wenn es sie damals noch nicht gab, und reagiert verwundert, wenn man von einem solchen Fahrzeug spricht. Nach der Rückführung kann es unter Umständen zu einer so genannten »posthypnotischen Amnesie« kommen, was bedeutet, dass der Betreffende sich nach dem Aufwachen nicht mehr an das Erlebte erinnert. Das kann und sollte man jedoch durch eine posthypnotische Suggestion verhüten: »Wenn du wach bist, wirst du dich an alles erinnern.«

In einer nicht-hypnotischen Rückführung vergisst die betreffende Person zu keinem Zeitpunkte, wer sie heute ist. Spricht man von einem Auto, wird sie wissen, was gemeint ist, und sagen: »In dieser Zeit gibt es noch keine.« Es kommt praktisch nie vor, dass nachher das Erlebte vergessen ist. Man befindet sich selbstverständlich in einem leicht veränderten Bewusstseinszustand, in einem tagtraumähnlichen Alphazustand, aber das Wachbewusstsein ist nicht vollständig ausgeschaltet. Um die Zustände ein wenig besser zu differenzieren, habe ich einmal die Bezeichnung »Agripnose« für diesen Zustand vorgeschlagen, abgeleitet vom griechischen Wort *ágripnos*, das »wach, Wachsein« bedeutet.

Der bekannte niederländische Reinkarnationstherapeut Hans ten Dam hat einen sehr passenden Begriff eingeführt. Er spricht von einem »elliptischen Bewusstsein«. Eine Ellipse hat zwei Brennpunkte. So ist es auch in der nicht-hypnotischen Rückführung: Es entstehen wie zwei Brennpunkte, der eine fokussiert auf die Vergangenheit, der andere bleibt in der Gegenwart. Eine tiefhypnotische Rückführung würde ich dementsprechend so beschreiben, dass ein einziger Brennpunkt von der Gegenwart in die Vergangenheit *verschoben* wird, da man sich der Gegenwart nicht oder kaum mehr bewusst ist.

Nach einer tiefhypnotischen Rückführung kann es vorkommen, dass es schwer fällt, sich mit der erlebten Person zu identifizieren. Das Erlebte kann vom heutigen rationalen Bewusstsein nicht ohne weiteres integriert werden, weshalb eine Nachbearbeitung sinnvoll ist. In der nicht-hypnotischen Rückführung ist das heutige Bewusstsein mit dabei und integriert das Erlebte automatisch. Eine Nachbearbeitung erübrigt sich normalerweise, jedenfalls, wenn das Erlebte bereits in der Rückführung mit dem »inneren Helfer« ausführlich ausgewertet wurde. Dieser »Helfer« ist eine Erscheinungsweise des eigenen unbewussten Ichs in symbolischer Gestalt, durch die wir mit dem eigenen unbewussten Ich ein Gespräch führen können – mehr dazu am Schluss dieses Kapitels.

Das Urtrauma aufdecken

Als man in den 60er-Jahren begann, Rückführungen in größerem Stil durchzuführen, wo vorher eher nur vereinzelt experimentiert wurde, entdeckte man mit der Zeit auch, dass eine Rückführung sehr heilsam sein kann. Bestimmte Probleme waren in manchen

Fällen nachher einfach nicht mehr da. Wie bereits erwähnt, verschwanden beispielsweise Ängste. Man fing nun an, solche heilsamen Wirkungen durch Rückführungen regelrecht anzustreben und es entstand, was man als »Reinkarnationstherapie« bezeichnete.

Diese Bezeichnung ist allerdings nicht ganz zutreffend. Manche Rückführungen führen nämlich ausschließlich in Kindheitserlebnisse im heutigen Leben hinein, viele sowohl in solche als auch in frühere Leben. Es ist überdies möglich, in die Zeit im Mutterleib zurückzukehren, den Seelenzustand zwischen zwei Inkarnationen wieder zu erleben oder sogar den Zustand vor der allerersten Verkörperung. Deshalb ist die Bezeichnung »Rückführungstherapie« zutreffender.

Es geht in der Rückführungstherapie um Folgendes: Der Klient hat ein Problem. Und wir wollen das »Urtrauma« dieses Problems aufdecken und auflösen, das Erlebnis, welches das Problem verursacht hat. Es wird sich nahe liegenderweise nicht um eine schöne und angenehme Situation handeln. Vielmehr ist das Urtrauma immer ein unangenehmes, wenn nicht gar schlimmes Erlebnis, das die Seele tief verwundet hat.

Man könnte eine lange Liste von Problemen aufführen, die durch Rückführungstherapie gelöst werden konnten. Oft handelt es sich um Ängste oder Phobien. Menschen mit Angst vor Hunden, Spinnen, Schlangen oder Pferden haben erlebt, wie sie mit einem solchen Tier in einem früheren Leben eine oft tödliche Erfahrung gemacht haben, und wurden von ihren Ängsten frei. Eine Frau, die viele Jahre lang nie in einen Aufzug gestiegen war, erlebte sich als Grubenarbeiter in Wales Ende des 19. Jahrhunderts. Eines Tages stürzte der Grubenaufzug ab und er starb. Gleich nach der Rückführung fuhr diese Klientin zum ersten Mal seit etwa zehn Jahren mit dem Aufzug. Wer Klaustrophobie hat, wird vielleicht erleben, wie er in einem engen Raum erstickt ist.

Doch auch bestimmte, scheinbar unveränderliche Verhaltensmuster wie beispielsweise ein so genannter Autoritätskomplex können in der Rückführung verändert oder gar aufgelöst werden. Einer meiner Klienten hatte Schreibhemmungen, besonders wenn es darum ging, seine Unterschrift unter ein Dokument zu setzen. Die Ursache dafür, so stellte sich heraus, war, dass er in einem früheren Leben etwas unterschrieb, das nachher für ihn zum Verhängnis wurde.

Sehr häufig entscheiden sich auch Menschen mit Beziehungsproblemen für eine Rückführungstherapie. Es ist selten ein Zufall, dass zwei Seelen zueinander gefunden haben. Entweder sie haben sich schon früher einmal geliebt, oder sie sind zusammengekommen, weil sie sich miteinander versöhnen sollen. In letzterem Fall gilt es nahe liegenderweise einige Hürden und Schwierigkeiten zu meistern, die das Unbewusste beider Personen in sich trägt. Aber es spielen hier auch negative Erfahrungen aus der Vergangenheit eine Rolle. Wenn man in einem früheren Leben eine leidvolle Beziehung hatte, oder auch wenn man als Kind Zeuge einer qualvollen, vielleicht sogar gewalttätigen Beziehung der Eltern war, wirkt sich das auf die heutige Beziehungsfähigkeit aus. Manche haben um sich eine Art unsichtbare Mauer, die der emotionalen Nähe im Wege steht. Wer eine solche Mauer hat, zieht meistens Partner an, die ebenfalls eine haben. Dann prallen gewissermaßen zwei Mauern aufeinander. Eine solche Mauer entsteht aus negativen Erfahrungen in der Vergangenheit. Oft hat man sich deshalb unbewusst eingemauert, weil man meinte, dass dies gegen Verletzung schütze. In Wirklichkeit aber »schützt« die Mauer noch mehr gegen Liebe.

Schuldgefühle loslassen

Alte Schuldgefühle, welche die Seele ins heutige Leben mitgebracht hat, können sehr hinderlich sein und spielen bei vielen Problemen ungeklärter Ursache eine Rolle. Kommen sie aus einem früheren Leben, so zeigt sich fast immer, dass sie heute nicht mehr nötig sind. Die Sache ist gesühnt und überwunden, die karmische Lektion gelernt. Es ist dann höchste Zeit, sie loszulassen!

Manche Schuldgefühle – besonders solche, die uns in der Kindheit bewusst oder unbewusst eingetrichtert wurden – sind falsch oder beruhen auf einem Irrtum und man hätte sie nie haben müssen. Ein Schuldgefühl kann dazu führen, dass wir uns nicht erlauben, dass es uns gut geht, weil wir tief drinnen glauben, es nicht verdient zu haben. Oder wir können nicht unbefangen und freudig mit bestimmten Situationen umgehen, zum Beispiel mit der körperlichen Liebe. Manche Vorurteile und Verhaltensregeln – oder beispielsweise auch eine Scheu vor Liebesäußerungen – haben wir unbewusst von verklemmten Eltern übernommen, die es nicht besser wussten. Sie »erbten« diese dann zumeist wiederum von ihren Eltern. Doch es ist ungeheuer wichtig, dass man aus diesem unheilvollen Erbe einen Weg herausfindet. Sonst wird es einem schwer fallen, selbst glücklich zu werden und befriedigende Beziehungen einzugehen. Außerdem wird man diese üble Erbschaft allzu leicht an die eigenen Kinder weitergeben.

Psychosomatische Probleme lösen

Die Rückführungstherapie hilft häufig auch bei gesundheitlichen Problemen psychosomatischer Natur. Eine Körperstelle, an der man in einem früheren Leben – meistens im letzten Vorleben – tödlich verletzt wurde, kann heute eine Schwachstelle sein, an der sich gesundheitliche Störungen besonders leicht manifestieren. Wer an einer Kopfverletzung starb, hat heute oft Migräne. Wenn aber eine Frau im Zusammenhang mit der Menstruation Migräne hat oder wenn sie allgemein unter sexuellen Hemmungen leidet, so kann dies mit Verletzungen des Frauseins in einem früheren Leben – oder auch in der Kindheit – zusammenhängen.

Asthma hat oft mit einem Erstickungstod in einem anderen Leben zu tun. Wurde jemand aufgehängt oder geköpft, so hat er heute nicht selten Probleme mit dem Hals oder Nacken, oder er reagiert in diesem Bereich in irgendeiner Weise empfindlich: Man darf ihn hier nicht anfassen, oder er will sich unbewusst schützen, indem er immer einen Schal oder Rollkragen trägt.

Psychosomatisch bedingte Leiden können aber ihre Ursache natürlich auch im heutigen Leben haben. Wenn wir Gefühle verdrängen, sind wir nicht davon frei. Wir haben sie nur vor uns selbst versteckt. Diese »emotionalen Energien« nisten sich dann irgendwo im Körper ein. Und je mehr wir verdrängen, desto größer die Gefahr, dass sich die angesammelten Gefühle schließlich in Form von körperlichen Beschwerden manifestieren. Hierin liegt oft eine von verschiedenen möglichen psychosomatischen Ursachen von Krebs. Nicht selten aber wollen Schicksalsschläge und Krankheiten uns auf einen neuen Weg führen – vor allem dann, wenn die Seele mit ihren Botschaften nicht zum sturen rationalen Ich durchkommt.

Alte Gefühlsenergien auflösen

Ob das Erlebnis, das einem heutigen Problem zugrunde liegt, in diesem oder einem vorigen Leben zu suchen ist, macht in der Rückführung letztlich keinen so großen Unterschied. Wichtig ist vor allem, dass das ursächliche Erlebnis nicht nur betrachtet, sondern noch einmal erlebt wird, und zwar mit allen dabei entstandenen Gefühlen. Dies ist der einzige Weg, die entsprechenden emotionalen Gefühlsladungen im unbewussten Ich, welche die Seele mitgebracht hat, tatsächlich aufzulösen.

Die ursächliche Situation nur anzuschauen bringt wenig mehr als eine Erklärung des Problems. Man weiß dann, warum man es hat, aber es ist noch da. Der entscheidende Schritt zur Lösung und Befreiung liegt darin, dass die damals entstandenen negativen Gefühlsenergien beseitigt werden. Man kann sie jedoch nicht auflösen, wenn man nicht weiß, um welche Gefühle es sich handelt, und dafür muss man sie zunächst noch einmal erleben. Das Wiedererleben ordnet außerdem diese Gefühle der Situation in der Vergangenheit zu. Man weiß dann, dass sie dorthin gehören und dass man sie heute nicht mehr braucht.

In der Rückführung können mehrere verschiedene oder ähnliche ursächliche Situationen auftauchen, und man sollte sie dann alle durchleben. Nicht selten liegt eine wesentliche Ursache eines Problems in einem Kindheitserlebnis in diesem Leben. Es kann sein, dass dieses Erlebnis allein die Ursache ist, aber es ist auch möglich, dass es eine noch ältere Ursache aus einer Situation in einem früheren Leben *reaktiviert* hat. In letzterem Fall ist es wichtig, auch diejenige im früheren Leben zu durchleben.

In der Regel geht es um einige konkrete Situationen, manchmal aber auch um länger anhaltende Zustände, die sich vielleicht durch ein ganzes Leben gezogen haben. Ein Beispiel wäre eine jahrzehntelange unglückliche Ehe mit liebloser und vielleicht brutaler Sexualität, die eine Frau gegen ihren Willen hat eingehen müssen. In früheren Zeiten war es ja üblich (und ist es in wenigen Kulturen noch heute), dass die Eltern den Ehepartner nach eher materiellen Gesichtspunkten auswählten, und die Tochter musste sich fügen.

Die Ursache klären

Wurden die vergangenen Schlüsselsituationen für ein heutiges Problem durchlebt, so ist im nächsten Schritt – sofern sich dies nicht von selbst erschließt – der kausale Zusammenhang zu klären: Wie kommt es, dass das damalige Erlebnis zum heutigen Problem führt? Dann ist der karmische Zusammenhang zu klären. Das traumatische Erlebnis, das zur Ursache des Problems wurde, geschah ja nicht ohne Grund. Warum hat die Person das erleben sollen? Es gab eine karmische Ursache, die wiederum aus einem anderen Leben davor stammte. Für ein umfassendes Verständnis muss auch diese geklärt werden.

In der Situation, die als Ursache für das Problem entdeckt wird, war man meistens Opfer – von Umständen oder von Menschen. Man musste etwas am eigenen Leib erfahren. Warum? Nach dem

Gesetz des Karma beinhaltete die Situation eine Lektion, aus der man auf der Seelenebene lernen sollte. Dies bedeutet, dass man etwas Ähnliches vorher einmal auf der Täterseite erlebte. Sonst hätte man ja die Lektion nicht nötig.

Sobald man diesen Zusammenhang eingesehen hat, kann man auch das Opfererlebnis in einem neuen Licht sehen. Man kann es nun statt als ungerechtes und grausames Schicksal als ein Erlebnis begreifen, das die eigene Seele gebraucht und das sie sogar gewählt hat – nur ist uns dies heute nicht bewusst. Man hat sich auf der Seelenebene bereits vor der neuen Inkarnation dafür entschieden und dem »Lernpensum« des neuen Lebens zugestimmt. Doch wie kann man so einer schlimmen Erfahrung bloß zustimmen? Das kommt daher, dass wir im Seelenzustand zwischen zwei Verkörperungen ein anderes Bewusstsein haben, in dem wir erkennen, dass wir bestimmte Erfahrungen machen müssen, um in unserer Entwicklung weiterzukommen.

Vom Leben auf der Täterseite bringt die Seele oft Schuldgefühle mit, die uns nur nicht bewusst sind. Auch diese müssen aufgelöst werden, denn in den allermeisten Fällen stellt sich heraus, dass sie heute nicht mehr nötig sind. Die Lektion ist gelernt und wir würden so etwas nie wieder tun. Die Schuldgefühle haben also ihre Aufgabe erfüllt und sind nunmehr überflüssig. Leider halten wir oft viel zu lange an ihnen fest. Allein die Tatsache, dass wir sie haben, scheint zu suggerieren, dass sie aus gutem Grund da sind und wir sie nicht loslassen dürften. In der Rückführung kann erkannt werden, dass wir uns aber wirklich von ihnen verabschieden dürfen. Und das ist natürlich eine große Erleichterung.

Versöhnung: Endlich frei werden

In der Regel stellt sich heraus, dass ein paar Personen, mit denen wir in vergangenen Leben in einer Täter-Opfer-Beziehung standen, heute wieder in unserer Nähe sind. Der Sinn solcher Wiederbegegnungen ist immer die Versöhnung. Wir müssen uns gegenseitig verzeihen. Erst dann ist die Geschichte vollständig abgeschlossen.

Manch einer mag sich fragen, ob er wirklich verzeihen muss. Es gehört ja nicht gerade zu den angenehmsten oder einfachsten Aufgaben. Das Gesetz des Karma bedeutet aber, wie bereits erwähnt: Ich bekomme nur das zurück, was ich selbst einmal jemandem angetan habe. Buddha soll einmal gesagt haben: »Betrachte jeden, der dich verletzt, als deinen Lehrer!« Das ist keinesfalls leicht, aber mit Sicherheit richtig.

Meistens zeigt sich: Wenn wir die Zusammenhänge klar genug verstanden haben, dann können wir auch verzeihen. Können oder wollen wir noch nicht verzeihen, so haben wir die Zusammenhänge noch nicht klar genug verstanden oder wollen sie noch nicht einsehen.

Sehr wichtig und oft fast noch schwieriger ist es übrigens, sich selbst zu verzeihen.

Merkmale seriöser Rückführungstherapie

Die Rückführungstherapie ist ungefährlich, wenn nur bestimmte Grundprinzipien eingehalten werden und man mit Sorgfalt und Liebe vorgeht, wie man es natürlich in jeder Therapie tun muss. Geschichten über furchtbare Nachwirkungen nach Rückführungen gehören größtenteils in die Märchenwelt oder in Gruselfilme wie *Audrie Rose* oder *The Reincarnation of Peter Proud.* Im ersten dieser Filme erlebt ein Mädchen in einer hypnotischen Rückführung, wie sie in einem Vorleben in einem brennenden Auto eingeschlossen war, und sie stirbt in der Rückführung genauso wie damals. Im zweiten Film träumt ein Professor von einem früheren Leben, in dem er von seiner Frau ermordet wurde. Er wird davon wie besessen, findet den Ort und seine damalige Frau – und sie bringt ihn noch einmal um.

Zwar sind seltene Fälle von negativen Nachwirkungen von *hypnotischen* Rückführungen tatsächlich vorgekommen, aber diese gehören in eine Zeit, in der man noch nicht so erfahren war wie heute. Der größte Fehler, der damals gemacht wurde, war der, dass der Hypnotiseur selbst Angst bekam, wenn eine Person in eine Situation geriet, in der sie starke (negative) Gefühle durchlebte. In einer hypnotischen Rückführung drücken sich solche Gefühle viel stärker durch den Körper der zurückgeführten Person aus. Es kann zum Beispiel vorkommen, dass sie laut schreit und um sich schlägt. So etwas passiert in nicht-hypnotischen Rückführungen fast gar nicht. Da werden zwar die Gefühle wieder erlebt, aber im damaligen Dasein, ohne dass sie sich stark im *heutigen* Körper ausdrücken. Dies erklärt sich durch das erwähnte »elliptische Bewusstsein«: Das heutige Bewusstsein ist, während das vergangene Leben wieder erlebt wird, mit dabei und behält weitgehend die Kontrolle über den Körper. Die Gefühle werden sozusagen am anderen Brennpunkt erlebt. In einem tiefhypnotischen Zustand kann das damalige Bewusstsein jedoch zum Teil die Oberhand gewinnen, da das heutige Bewusstsein »schläft«.

Wenn der Hypnotiseur in solchen eher ungewöhnlichen Fällen Angst bekam – vielleicht geriet der Klient in eine Situation, die starke Panik auslöste – hat er die Person oft viel zu schnell aus der traumatischen Situation herausgeholt, sie regelrecht herausgerissen. Das ist leider wirklich das Verkehrteste, was man tun kann. Die Person wurde dann nicht von den schlimmen Gefühlen befreit, sondern brachte sie mit ins Jetzt. Was man hätte tun sollen – und so wird es hoffentlich heute auch praktiziert – ist, sie zügig durch die schwierige Situation hindurchzubringen.

Gegner der Rückführungstherapie haben solche in unprofessionell geleiteten Hypnosesitzungen selten aufgetretenen Fälle – für sie ein gefundenes Fressen – gern hochgespielt, um die Rückführung als gefährlich darzustellen und vor ihr zu warnen. Aber wir wollen uns an die nicht-hypnotische Rückführung halten.

Sich Zeit nehmen

Das Wichtigste bei einer seriösen Rückführung ist ausreichend Zeit. Der Versuch, durch eine kurze Rückführung schnell zu einer Problemlösung zu kommen, ist keine gute Idee. Wenn ich eine Rückführungssitzung durchführe, dauert sie im Schnitt viereinhalb Stunden, manchmal auch länger. Diese Zeit braucht es, um alle wichtigen Zusammenhänge zu klären – nicht zuletzt karmische –, negative Gefühlsenergien aufzulösen und die Versöhnung mit involvierten Seelen anzustreben. Manche Rückführungstherapeuten führen eine Reihe kürzerer Rückführungen durch, die jeweils vielleicht nur eine Stunde dauern. Der Nachteil ist hier, dass man jedes Mal neu einsteigen muss und daher nicht die ganze Zeit der Aufklärung und Lösung der Problematik widmen kann. Meines Erachtens ist es sinnvoll, die Problematik – so weit es geht – in einer einzigen Sitzung zu klären. Das ist natürlich nicht immer möglich und manchmal braucht man doch noch ein bis zwei weitere Rückführungen. Hat man aber das Problem nach drei oder vier Sitzungen noch immer nicht ausreichend klären können – was selten vorkommt – so ist dies vermutlich nicht der geeignete Weg. Der Betreffende sollte eine andere Therapieform in Betracht ziehen.

Wie bereits erwähnt, besteht ein entscheidender Punkt für die seelische Befreiung darin, dass die Person das Urtrauma des Problems wieder erlebt – mit allen dazugehörigen Gefühlen. Es geht dabei in der Regel hauptsächlich um Emotionen, aber manchmal auch um körperliche Gefühle.

Im Folgenden möchte ich modellhaft darstellen, welche Vorgänge auf der Seelenebene zu einem Problem führen können, wie diese tieferen Ursachen in der Rückführung schrittweise erforscht und gelöst werden können und welche Hindernisse es dabei zu bewältigen gilt.

Der Klient geht zu Beginn der Rückführung in einen Alphazustand, in dem er zum Erlebnis der inneren Bilder kommt – Bilder, die bei geschlossenen Augen vor dem geistigen Auge auftauchen. Es findet ein ständiges Zwiegespräch statt. Der Klient gibt Rückmeldungen und erzählt, was er sieht und erlebt, und geht gemeinsam mit dem Rückführenden durch das Erlebnis hindurch. Dabei fragt der Klient als Erstes sein höheres Selbst, wohin er gehen soll, um zu einem vergangenen Erlebnis zurückzukommen, das die Ursache des Problems ist. Und dann beginnt die eigentliche therapeutische Arbeit.

SCHRITT 1 Sich der Ursache bewusst werden

Jemand erlebt beispielsweise in der Rückführung, wie er von einem Hund angegriffen und so schwer gebissen wird, dass er daran stirbt. Die Angst, die Panik und die Schmerzen sind ihm in dem Erlebnis bewusst. Die Seele verlässt dann im Sterben den Körper. Viele Jahre später wird sie wiedergeboren. Als Kind hat dieser Mensch – wir wollen ihn hier einmal Tom nennen – eine für die Eltern schwer verständliche Angst vor Hunden. Die Erinnerung an die tödliche Verletzung hat die Seele mitgebracht; sie wird zu einer emotionalen Energie von Angst im unbewussten Ich, die durch ähnliche Umstände – die Begegnung mit Hunden – angeregt und wieder freigesetzt wird. Auch im Erwachsenenleben ändert sich daran nichts. Toms rationaler Verstand sagt ihm, dass die Angst normalerweise unbegründet ist, aber sie kommt trotzdem hoch, und er weiß nicht wieso. Er kann sie nicht bewältigen.

Nehmen wir einmal an, dass Tom als Kind tatsächlich von einem großen Hund angegriffen wurde, aber nicht nennenswert verletzt wurde – er kam mit dem bloßen Schrecken davon. Nach diesem Erlebnis hat sich vielleicht die ursprüngliche Angst zur Panik vor Hunden gesteigert. Jenes Kindheitserlebnis hat die verborgene emotionale Angstenergie reaktiviert und verstärkt, und Tom trägt sie als eine regelrechte Phobie mit ins Erwachsenenleben. Die meisten würden den Zusammenhang mit dem Kindheitserlebnis anerkennen, obwohl die Hauptursache eigentlich viel weiter zurückliegt. Für eine vollständige Befreiung muss in diesem Fall natürlich die Hauptursache aufgedeckt werden. Sollte Tom die Möglichkeit ablehnen, dass eine Hauptursache vor dem heutigen Leben liegen könnte (vielleicht lehnt er den Reinkarnationsgedanken ab), verzichtet er im Grunde – ohne es zu wissen – auf eine vollständige Befreiung. Es muss aber gesagt werden, dass es manchmal tatsächlich vorkommt, dass die Hauptursache eines Problems in einem Kindheitserlebnis liegt.

Widerstände und Verdrängung

Der erste Schritt zur Lösung der Problematik liegt also darin, das ursächliche Ereignis erneut zu durchleben, sodass dem Klienten wieder bewusst wird, was damals geschah. Hier können unbewusste Widerstände auftreten. Etwas im unbewussten Ich wehrt sich dagegen, jene alte schmerzliche oder traumatische Situation noch einmal durchzumachen. Sigmund Freud hat viel über den Widerstand geschrieben, der auftritt, wenn Verdrängtes ans Licht geholt werden soll, wodurch die eigentlich als belastend empfundene Situation aufrechterhalten wird. Diesen zu überwinden, nennt er als wesentlichen Schritt zur Heilung. Dies ist ein Kernpunkt seiner Psychoanalyse. Dieser Widerstand widerstrebt einer Änderung zum Besseren; er will eigentlich »krank bleiben«. Auch in der Rückführung stoßen wir immer wieder auf solche Widerstände und müssen damit umgehen.

Nur äußerst selten treten solche Widerstände deshalb auf, weil es »noch nicht an der Zeit« ist, das Trauma loszulassen. Was vom Klienten manchmal irrtümlich als »Warnung« des unbewussten Ichs interpretiert werden mag, ist in der Regel einfach der fehlende Mut vor dem Sprung. Etwas in uns ahnt, was kommen wird, und sagt sich: »Wenn ich erst *das* erleben muss, dann verzichte ich lieber auf die Lösung meines Problems.« In diesem Moment erscheint uns die Pille bitterer als die Krankheit.

Verdrängen ist menschlich und oft gerade in der Kindheit ein natürlicher Schutzmechanismus. Deshalb werden besonders schreckliche Kindheitserlebnisse sehr häufig verdrängt. Leider ist aber das

Verdrängen auch ein Selbstbetrug. Wir sind nicht wirklich frei von der Sache, sondern verstecken sie tief im unbewussten Ich, so als ob es sie nie gegeben hätte. Jedoch ist diese versteckte Erinnerung natürlich noch da; sie liegt, schön eingepackt und verschnürt, mit einem schweren Deckel darauf, in unserem Innern versteckt. Und von dort aus hat sie einen beständigen unbemerkten Einfluss auf unser Leben. Wir sind alles andere als frei davon!

Ähnlich verhält es sich mit traumatischen Erlebnissen aus früheren Existenzen. Diese werden durch die Geburt in ein neues Leben sozusagen automatisch verdrängt. Die Seelenerinnerung an die Vergangenheit wird zum unbewussten Ich und es bildet sich ein neues bewusstes Ich aus, das davon nichts weiß. Dieses neue bewusste Ich wird nach dem Tode eins mit dem unbewussten Ich. Sie verbinden sich und werden zu einem neuen Seelenbewusstsein – erweitert um die Erfahrungen der vorausgegangenen Verkörperung. Dieses Seelenbewusstsein wird in der nächsten Verkörperung wieder zu einem unbewussten Ich, und so weiter.

Das, was wir verdrängen, tragen wir also so lange mit uns, bis wir den Mut haben, es anzuschauen und uns dessen wieder bewusst zu werden. Erst dann können wir wirklich frei davon werden. Ich sage manchmal scherzhaft: »Je schlimmer es in der Rückführung kommt, desto besser! Denn dann ist die Befreiung umso größer.« Dies bedeutet nicht, dass wir das Geschehene dann wieder vergessen, aber es macht uns nichts mehr aus.

Derjenige, der die Rückführung leitet, muss also Widerstände wahrnehmen und dem Klienten helfen können, sie zu überwinden. Er muss aber auch in der Lage sein, die seltenen Fälle zu erkennen, in denen der Klient für dieses Wiedererleben noch nicht reif ist und es deshalb nicht verkraften würde. Auch kommt es in Einzelfällen vor, dass man in der Rückführung nicht weiterkommt, weil der Klient die karmische Lektion in diesem Leben erst noch durchmachen muss. Erst danach darf er erfahren, was die Ursache dafür war – sonst würde er sozusagen eine Lektion »schwänzen«. Andererseits kommt es auch vor, dass eine Person, indem sie in der Rückführung die Ursache eines Problems erkennt und umzudenken beginnt, die heutige Lektion einfach nicht mehr braucht.

Schritt 2 Gefühle wieder erleben

Der nächste Schritt besteht darin, dass man die negativen oder gar schlimmen Gefühle wieder erlebt, die im Urtrauma des Problems entstanden sind. Meistens sind dies Emotionen, unter Umständen aber auch körperliche Schmerzen. Sie treten in der Rückführung selten wirklich intensiv auf, sondern nur so stark, wie es nötig ist, um sie gut zu erkennen. Unser höheres Selbst weiß ganz gut, was uns zuzumuten ist – auch wenn dies manchmal mehr ist, als wir dachten …

In einem Buch über Rückführungen schreibt die Amerikanerin Florence Wagner McClain: »Beruhige die Person wiederholt im Laufe der Rückführung durch die Versicherung: ›Du bist körperlich im Hier und Jetzt, und dies ist nur eine Erinnerungsübung. Du brauchst keine schmerzliche Empfindung irgendeiner Art auf irgendeiner Ebene zu haben.‹ Fordere die Person auf, sich von der Situation zu distanzieren und nur zu beobachten, wie wenn sie einen Film anschaue.« Von einem solchen Vorgehen kann ich nur dringend abraten! Die so vermiedenen Gefühle verbleiben nämlich weiterhin als Problemquellen im Unbewussten der rückgeführten Person.

Die Britin Ursula Markham meint, es genüge zu *wissen* und zu verstehen, was geschah, und es sei gar nicht notwendig zu leiden, weder physisch noch mental noch emotional. Offenbar sind Therapeuten, die dies behaupten, nicht in der Lage mit den starken Gefühlen umzugehen, die in manchen Sitzungen auftauchen können. Doch dies ist nach meiner langjährigen Erfahrung genau das Entscheidende: Alter seelischer Ballast muss abgeworfen werden und hier gibt es nur einen Weg und der führt mitten durch die Gefühle hindurch. Seien Sie deshalb skeptisch bei Rückführungstherapeuten, die um Gefühle einen Bogen machen möchten. Auf diese

Weise werden nämlich verdrängte Emotionen eher noch stärker im Untergrund gehalten, statt dass sie aufgelöst werden.

In einer seriösen Rückführungstherapie geht man sicher anders vor. Man lässt die Person die Gefühle wieder erleben. Gibt es dagegen einen unbewussten Widerstand, so sucht man, diesen zu überwinden. Man bricht ein Gefühlserlebnis keinesfalls ab – etwa weil es unerträglich zu sein scheint –, sondern geht zügig durch das Geschehen hindurch, bis es vorbei ist.

Schritt 3 Negative Gefühle auflösen

Der nächste Schritt einer erfolgreichen Rückführungstherapie besteht darin, die erlittenen negativen Gefühle aufzulösen. Dafür bieten sich verschiedene Wege an. Meistens lasse ich sie symbolisch in einem transformierenden Feuer verbrennen. Danach geht man noch einmal in die vergangene Situation hinein, um nachzuprüfen, ob noch Gefühlsreste da sind. In diesem Fall werden auch diese in der gleichen Weise aufgelöst. Positive Gefühle – sofern in jener Situation vorhanden – soll man natürlich behalten.

Die negativen Gefühle, um die es sich hier meistens handelt, sind: Angst, Panik, Wut, Trauer, seelischer oder körperlicher Schmerz, Hass, Rachegefühle, Schadenfreude, Scham, Hilflosigkeit, Ausgeliefertsein, Wertlosigkeit und so weiter. Hass bindet uns sehr stark an diejenige Seele, die wir hassen. Dadurch klammert man sich unbewusst an eine Person und deren Seele, obwohl man eigentlich von ihr frei sein will. Doch nur durch Verzeihen werden wir richtig frei, denn damit lösen wir sozusagen den emotionalen Anker und können auch die entsprechende Seele loslassen.

Schuldgefühle

Werden auch Schuldgefühle erlebt – oder wird die Frage an den inneren Helfer, ob solche entstanden sind, bejaht –, dann sollte mit seiner oder mit Hilfe des »höheren Selbst« (siehe unten) geklärt werden, ob sie heute wirklich noch notwendig sind. In der Regel ist das nicht der Fall, und dann werden auch die Schuldgefühle in oben beschriebener Weise aufgelöst.

Doch Schuldgefühle haben zunächst eine Funktion. Sie sollen zu Einsicht und Umkehr führen und oft auch zur Wiedergutmachung. Sie ziehen entsprechende karmische Lektionen an. Haben wir aber aus diesen Lektionen gelernt, dass wir nie wieder so handeln würden wie damals, so haben die Schuldgefühle ihren Zweck erfüllt und sind nun überflüssig und sogar hinderlich geworden. Sie können, allein weil sie da sind, noch eine Lektion anziehen, die in Wirklichkeit gar nicht mehr nötig wäre, als wenn sie uns unbewusst sagen: »Wer weiß, ob das genügt. Ich mache besser noch eine Lektion durch, um ganz sicher zu sein, dass ich so etwas nie wieder tun werde!« Oder unsere Schuldgefühle legen uns Steine in den Weg, indem sie uns suggerieren: »Ich habe es nicht verdient, dass es mir gut geht.« So verhindern sie Erfolg, eine glückliche Beziehung und manches andere im Leben. Ist das der Fall, so ist es wirklich höchste Zeit, die alten Schuldgefühle loszulassen

Manchmal höre ich den Einwand, dass es doch gar keine Schuld gebe. Wenn man einem anderen Menschen Leid zugefügt habe, sei das erstens die karmische Auswirkung für den anderen und zweitens etwas, das wir eher unbewusst oder gar unabsichtlich getan haben. Man könnte sich sogar als Wohltäter aufspielen, da man dem anderen die karmische Lektion erteilte, die seine Seele gesucht hat. Das ist natürlich eine wunderbare Ausrede für schlechte Taten! In der Tat ist es richtig, dass es den anderen traf, weil er das entsprechende Karma hatte. Aber es steht uns nicht zu, sein »Vollstrecker« zu sein. Wer Täter wird, wird es nicht aus Wohlwollen, sondern aus mangelnder Liebe und fehlender Einsicht. Der Täter handelt egoistisch, um vermeintlich eigene Vorteile auf Kosten des anderen zu gewinnen. Damit handelt man sich immer eigenes Karma ein. Man könnte sagen: Wir nehmen dem anderen ein Stück seines Karma ab, beziehungsweise: Seine Seele sucht sich den Unreifen, der noch fähig ist, Täter zu werden.

Ob es Schuld gibt oder nicht, ist eine philosophische Frage, die nicht in ein paar Zeilen geklärt werden kann. Bleiben wir auf der pragmatischen Ebene: Auf jeden Fall gibt es Schuldgefühle. Und um die geht es hier.

Schuldgefühle sind größtenteils unbewusst. Manche waren einmal berechtigt, weil wir auf der Täterseite standen. Andere hingegen sind von vornherein falsch und sollten auf jeden Fall aufgelöst werden. Ich spreche von Schuldgefühlen, die andere oder wir selbst uns eingeredet haben. Beides geschieht oft in der Kindheit. Viele Eltern spielen unbewusst manipulierende Spiele mit ihren Kindern. Sie verlangen Leistung, die dann mit Liebe belohnt wird. Daraus entstehen dann leicht Schuldgefühle, nämlich wenn das Kind meint, nicht genug geleistet zu haben. Manche Eltern glauben tragischerweise sogar, dass sie das Kind erziehen, indem sie durch ihr Verhalten Schuldgefühle erzeugen. Das Gegenteil ist der Fall. Das Kind wird wahrscheinlich entsprechende Verhaltensprobleme davontragen, die sich oft erst im Erwachsenenalter zeigen. Um bei unserem Beispiel zu bleiben: Wenn man (unbewusst) meint, dass man nicht liebenswert sei, weil man glaubt, erwartete Leistungen nicht vorweisen zu können (obwohl sie vielleicht gar nicht so erwartet werden, wie man glaubt), dann wird man in Liebesbeziehungen mit großer Sicherheit Probleme bekommen. Man empfindet sich einfach nie als »gut genug« …

Noch schlimmer ist es, wenn ein Kind tatsächlich nicht geliebt wird und ihm seine Eltern auch noch Schuldgefühle machen, dass es überhaupt da ist: »Wegen dir muss ich auf … verzichten« und so weiter. Schuldgefühle entstehen sogar oft schon im Mutterleib, wenn die Seele des Kindes weiß, dass es unerwünscht ist.

SCHRITT 4 **Karmische Zusammenhänge aufdecken**

Das Erlebnis, welches das Urtrauma des Problems beinhaltet, hat meistens den Charakter eines Opfererlebnisses. Der Person geschah etwas Unangenehmes, Leidvolles oder Schmerzliches. Das wirft die Frage auf, warum sie das erleben musste. Diese Frage wird, wiederum dem inneren Helfer gestellt, der Sprachrohr für das eigene unbewusste Ich ist, in dem wir das alles wissen. Sie führt meist in ein noch früheres Leben zurück, in dem die Person in einer ähnlichen Situation auf der Täterseite stand, eventuell auch als »Unterlassungstäter«. Daraus entstand das entsprechende Karma: Die Einsicht auf einer höheren Bewusstseinsebene, dass man in Mitmenschlichkeit versagt hat und dass man deshalb eine entsprechende lehrreiche Erfahrung braucht. Das Karma führt uns zu der passenden Lektion. Man kann sich das vorstellen wie den Vater, der das Kind zur Schule schickt, damit »etwas aus ihm wird«. Das Kind möchte viel lieber spielen, aber muss wohl oder übel dem Vater folgen. Der Vater entspricht in diesem Bild dem höheren Selbst, jenem weisen Teil unserer Seele, das erkennt, dass man diese Erfahrung nun mal braucht, um sich zu entwickeln und seelisch zu wachsen. Das Kind entspricht dem egohaften bewussten Ich, das ungern etwas einsieht und die Lektion lieber schwänzen würde.

Vom Tätersein her trägt die Person wiederum höchstwahrscheinlich heute noch unbewusste Schuldgefühle in sich, die natürlich ebenfalls aufgedeckt werden müssen. Das Erlebnis der karmischen Ursache, der vorausgehenden Täterschaft, wirft aber auch ein neues Licht auf das darauf folgende karmisch bedingte Opfererlebnis. Man erkennt es nun als eine Lektion, die man tatsächlich gebraucht hat, und sieht es nicht mehr als ein ungerechtes Schicksal. Man begreift, dass man die Situation unbewusst gesucht hat, um sich diese wichtige Lektion abzuholen. Der heilsame Effekt ist hier, dass man nicht mehr so stark geneigt sein wird, die Schuld für die leidvolle Erfahrung anderen zuzuweisen – die Schuldzuweisung ist eher ein Verhalten, das aus Unreife oder vielleicht besser: aus Unwissenheit erwächst –, sondern man kann leichter verzeihen.

Schritt 5 Versöhnung

Das Verzeihen zieht gewissermaßen den Schlussstrich unter die Geschichte. Fast immer sind einige ehemalige Täter oder Opfer heute noch in unserem Umfeld inkarniert, und zwar um diese Chance zur Versöhnung zu bekommen. Kann man verzeihen, so ist man wirklich frei. Wer noch nicht verzeihen kann – das heißt *will* – haftet noch immer an dem Problem. Deshalb streben wir in der Rückführung an, unseren Tätern zu verzeihen, gleichzeitig mögen uns diejenigen verzeihen, die zuvor unsere Opfer waren.

Dazu bitten wir den inneren Helfer, jene Person in heutiger Gestalt vor dem Klienten »erscheinen« zu lassen. Dieser sieht sie vor seinem inneren Auge, kann in Gedanken – telepathisch – mit ihr sprechen. Wiederholte Erfahrungen weisen darauf hin, dass auf diese Weise tatsächlich ein Seelenkontakt stattfindet. Sofern die entsprechende Person im heutigen Umfeld des Klienten lebt, kommt es häufig vor, dass sie sich bei Begegnungen deutlich positiver verhält. Sie weiß vom Verstand her nicht warum, doch die Seele war ja beim Versöhnungsgespräch gewissermaßen dabei.

Wie an anderer Stelle bereits kurz erwähnt, ist es aber auch sehr wichtig, sich selbst zu verzeihen, dass man einmal Täter gewesen ist. Dies geschieht größtenteils dadurch, dass man erkennt, dass man die alten Schuldgefühle nicht mehr haben muss. Dann können sie leicht aufgelöst werden, wie oben beschrieben. Manchmal ist es aber sinnvoll, dieses Selbstverzeihen konkreter zu gestalten. Waren zum Beispiel die Schuldgefühle sehr stark, und fiel es deshalb schwer sie loszulassen, lassen wir den inneren Helfer auch vor derjenigen Person »erscheinen«, die wir im Täterleben selbst waren, und verfahren wie oben beschrieben.

Schritt 6
Aufgelöste Gefühlsenergien durch Lichtenergie ersetzen

Wenn nun Schuldgefühle und andere negative Gefühlsenergien aufgelöst wurden, sollten sie durch etwas Neues ersetzt werden – am besten durch Lichtenergie. Wir bitten also den inneren Helfer, die Person ganz in Licht zu hüllen, damit sie die heilsame Energie des Lichtes in sich aufnehmen und damit die aufgelösten Gefühlsenergien ersetzen kann. Danach steigt sie aus dem umhüllenden Licht wieder aus, behält aber das aufgenommene Licht in sich. Nun kann die Rückführung abgeschlossen werden.

Würde die Person in Licht gehüllt bleiben, was immer ein sehr schönes Erlebnis ist, kann es in seltenen Fällen vorkommen, dass sie mehrere Stunden braucht, bis sie wieder ganz im »Hier und Jetzt« ist. Das ist zwar nicht unangenehm, aber geht sie beispielsweise zurück zur Arbeit, wird sie sich an diesem Tag nur schwer darauf konzentrieren können.

Der innere Helfer

Einige wenige Rückführungsmethoden – darunter die *Time-Lapping Technique* von Bryan Jameison, die ich in einer weiterentwickelten Form praktiziere (und ausführlich in meinem Buch *Rückführung in frühere Leben. Emotionale Befreiung durch Reinkarnationstherapie ohne Hypnose*) – verwenden einen »inneren Helfer« (engl. *counselor* oder *inner guide*), der eine wichtige Funktion erfüllt. Diese hilfreiche Erscheinung im inneren Bild beziehungsweise vor dem inneren Auge, kann man so verstehen, dass das eigene unbewusste Ich sichtbar wird, sodass man mit ihm ein Gespräch führen kann. Der innere Helfer oder die innere Helferin erscheint oft in einer menschlichen Gestalt, die männlich oder weiblich sein kann, selten einmal auch geschlechtslos. Oft ist sie eine Lichtgestalt, die sogar engelartig sein kann, manchmal einfach ein Lichtschein ohne deutliche gestalthafte Konturen. Selten einmal hat man es mit einer angenehmen Tiergestalt oder etwas noch Abstrakterem wie einem Symbol zu tun. Es kommt auch vor, dass jemand eine Marien- oder Christusgestalt sieht, oder – je nach Glaubensrichtung – zum Beispiel Buddha. Es muss aber eine Gestalt oder Erscheinung sein, mit der man sich wohl fühlt, andernfalls schickt man sie fort, um dann den richtigen Helfer zu finden. Wer einen geistigen Führer hat, kann auch diesen sehen. Ich bin jedoch der

Meinung, dass es sich in den allermeisten Fällen um das eigene unbewusste Ich handelt.

Hier werden nun vor allem solche Menschen, die hinter jeder Ecke den Teufel befürchten, vor dämonischen Erscheinungen warnen. Fühlt man jedoch die Liebe des Helfers, und ist er lichtvoll und wahrhaftig hilfreich, so löst sich jeder Zweifel schnell in Luft auf. Ist sich ein Klient aber unsicher, lasse ich die Frage stellen: »Kommst du in Christi Namen?«. Wird dies ausdrücklich bejaht, nehmen wir den Helfer an. Sollte er jedoch – selten einmal – ausweichend antworten oder gar »Nein« sagen, dann schicken wir ihn wieder fort. Natürlich muss hier die Frage der Glaubensrichtung des Klienten angepasst sein. Einen Juden würde ich bitten zu fragen, ob die Gestalt in Gottes Namen komme (und nicht etwa in Jahwehs Namen, denn diesen Namen soll man im Judentum nicht aussprechen). Bei einem Muslim: In Allahs Namen. Und so weiter.

Mit dem inneren Helfer können viele Dinge aufgeklärt werden, die in der Rückführung auftreten und mit dem Problem zu tun haben. Er zeigt uns karmische Zusammenhänge. Er zeigt uns andere Erlebnisse – in anderen früheren Leben oder in der Kindheit – die ebenfalls mit dem Problem in Zusammenhang stehen. Er hilft uns, Widerstände zu überwinden und negative Gefühlsenergien aufzulösen – und vieles andere mehr.

Das höhere Selbst

In spirituellen Zusammenhängen ist oft vom höheren Selbst die Rede. Was ist das? Ich verstehe es als das höchste Geistige eines Menschen, das vom Anfang unserer Existenz an existiert. Man kann es auch als die höchste Instanz im unbewussten Ich beschreiben. Es steht mit unserer Seele in Verbindung und steht eher über unserem unbewussten Ich[1].

Inkarniert das höhere Selbst mit, oder begleitet es uns durch die Inkarnation? Ich vermute eher das letztere. Auf jeden Fall geschieht bei der Inkarnation eine Bewusstseinsspaltung. Das seelische Bewusstsein zieht sich gewissermaßen als unbewusstes Ich zurück, und in jedem neuen Leben entwickelt sich ein neues, körperbezogenes und egohaftes »bewusstes Ich«, das in Wahrheit ein stark eingeschränktes Bewusstsein ist. In diesem Bewusstsein haben wir vergessen, wer wir eigentlich sind und früher waren. Wir beschränken uns hier in der Regel auf die Wahrnehmungen unserer körperlichen Organe; die höhere Wahrnehmung haben wir durch Erziehung und die Einflüsse der Umwelt »verlernt«. Das bewusste Ich ist überheblich und meint es besser zu wissen als das viel größere unbewusste Ich, das es möglichst ignoriert. So wird es möglich, dass wir unsere karmischen Lektionen durchleben. Wären wir uns der Zusammenhänge bewusster, könnten wir sie öfter einmal »schwänzen«. Wären wir sogar sehr viel bewusster, dann hätten wir sie aber gar nicht mehr nötig. Wer aber ein solches Bewusstsein erlangt, der braucht meist nicht mehr wiedergeboren zu werden.

Es ist sinnvoll, die Leitung der Rückführung bereits am Anfang dem höheren Selbst zu übergeben. Dies schützt auch gegen die Möglichkeit, dass eine Situation auftaucht, mit der man noch nicht umgehen kann. Man spricht also das höhere Selbst in Gedanken an und bittet es, uns in ein für das Problem ursächliches Erlebnis in der Vergangenheit zu führen. Man bittet es auch, uns zur Begegnung mit dem Helfer zu führen. Normalerweise können wir das höhere Selbst nicht sehen, vertrauen uns also einer »unsichtbaren« Führung an. Dies bedeutet, dass wir geschehen lassen und den entsprechenden intuitiven Eingebungen folgen. Es ist jedoch auch möglich, dem höheren Selbst zu begegnen. Dann brauchen wir den inneren Helfer nicht, sondern erfahren in der Begegnung mit dem höheren Selbst alles, was uns sonst der Helfer gezeigt oder erklärt hätte.

Psychotische Fälle

Ein besonderer Fall liegt vor, wenn der Klient unter einer Psychose leidet oder in der Vergangenheit gelitten hat. Hier rate ich dringend von einer Rückführung ab, sofern der Rückführende nicht eine sehr solide Erfahrung mitbringt. Hier sind der innere Helfer und noch mehr das höhere Selbst von besonderer Wichtigkeit, um die richtige Führung zu erbitten, die nur das kommen lässt, was wirklich hilfreich ist. So habe ich beispielsweise einmal eine Frau mit Borderline-Syndrom erfolgreich zurückgeführt, die eine befreundete Neurologin und Psychiaterin zu mir geschickt hatte. Einige Wochen danach rief ich an und fragte die Ärztin, wie es denn der Patientin gehe. Sie antwortete mir: »Es geht ihr sehr gut, sie braucht keine Psychopharmaka mehr. Aber ich wage es nicht, dir weitere Patienten zu schicken! Ich könnte Ärger mit der Ärzteschaft bekommen.«

Dieses Feedback darf man wohl mit einem lachenden und einem weinenden Auge betrachten …

Wenn man ein Gefühl nicht loslassen will

Das »Schlimmste«, was nach einer Rückführung passieren kann, ist, dass Fragen unbeantwortet bleiben, das Problem noch nicht gelöst ist oder man nachher vielleicht noch mehr Fragen hat als vorher. Selten kommt es zu einer »Erstverschlimmerung« – wie man es aus der Homöopathie kennt, in der die Erstverschlimmerung zeigt, dass das richtige Mittel gefunden wurde. Die Symptome nehmen zu, erreichen einen Höhepunkt und klingen schließlich aus. So ist es auch nach einer Rückführung möglich, dass beispielsweise eine Angst stärker ist als vorher. Eine solche Reaktion geht aber meiner Erfahrung nach innerhalb einer Woche vorüber. Wie in der Homöopathie kann diese Reaktion als positives Zeichen gewertet werden. Sie zeigt, dass wir auf die wahre

Ursache eines Problems gestoßen sind und dass lediglich deren Auswirkung noch nicht aufgelöst werden konnte. Das liegt fast immer daran, dass der unbewusste Widerstand eines Klienten manchmal zu stark ist. Er sträubt sich dagegen, eine unangenehme Situation in der Vergangenheit zu durchleben oder schaut sie nur an, ohne die Gefühle an sich heranzulassen. Natürlich wird man versuchen, diesen Widerstand zu überwinden, aber in seltenen Fällen ist er so stark, dass der Rückführende am Ende seines Lateins ist und man es für dieses Mal aufgeben muss. In genau so einem Fall kann es unter Umständen zu einer Erstverschlimmerung kommen. Es ist dann in jedem Fall ratsam, bald wieder eine Rückführung durchzuführen.

In einer abgewandelten Form kommt es vor, dass jemand ein negatives Gefühl nicht loslassen will, was ihm normalerweise nicht bewusst ist. Dies kann verschiedene Ursachen haben. Er kann unbewusste Schuldgefühle haben, die meistens von einem früheren Leben herrühren und ihm suggerieren: »Ich habe es nicht verdient, davon frei zu werden.« Dann müssen wir zuerst dieses Schuldgefühl klären. Eine andere Möglichkeit ist »das vertraute Unwohlsein«. Man trägt zum Beispiel eine Grundstimmung der Traurigkeit durchs Leben und hat sich so sehr daran gewöhnt, dass man meint, ohne dieses Gefühl »leer« zu sein: »Wenn ich das loslasse, habe ich ja gar nichts mehr!« Hier sollte man die Person zu der Einsicht führen, dass die losgelassene Emotion einem neuen Gefühl Platz macht, zum Beispiel der Lebensfreude.

Ein Gefühl behalten zu wollen, kann auch daher rühren, dass man ein eher unbewusstes Spiel mit der Umwelt spielt. Wenn man leidet, wird man umsorgt und bekommt Aufmerksamkeit. Und das möchte man sich ungern entgehen lassen. Die Person wird im Gespräch mit dem »inneren Helfer« während der Rückführung einsehen, dass sich dieses Spiel nicht lohnt, denn die Aufmerksamkeit ist eher erpresst und wird mehr aus Pflichtgefühl gewährt, nicht aber aus vollem Herzen. Um echte, liebevolle Aufmerksamkeit zu bekommen, muss sie ein neues »Spiel« lernen. Dazu gehört, die

Rolle des Leidenden aufzugeben und das eigene Herz für andere zu öffnen. Eine andere Möglichkeit gibt es nicht.

Ein unbewusstes »Leidensspiel« kann aber auch noch andere Gründe haben. Manch einer will damit die Schuld – beispielsweise an einem Konflikt oder einer unangenehmen Lebenslage – anderen zuweisen, statt einzusehen, dass man immer auch selbst ein Stück Schuld trägt. Doch da kann es bequemer sein, sich als Opfer darzustellen. In extremen Fällen kann es um eine regelrechte Erpressung gehen. Dazu ein Beispiel, das zwar selten ist, aber dennoch vorkommt: Ein Ehemann hat eine Geliebte. Seine Frau wird krebskrank, und der Mann muss sich nun, voller Schuldgefühle, der Pflege seiner Frau zuwenden. Er wendet sich von der Freundin ab und die Ehefrau hat erreicht, was sie wollte. Da es ein ihr völlig unbewusstes Spiel ist, sieht sie nicht ein, dass der Preis für ihre Manipulation viel zu hoch ist. Vielleicht setzt sie dem Ganzen noch die Krone auf und verlangt von ihrem Mann, bevor sie stirbt: »Versprich mir, dass du nie wieder heiratest!« Sind die Schuldgefühle des Mannes groß genug, so wird er diesen Fehler vielleicht machen – und ihn später bitter bereuen …

Zum Leidensspiel gibt es eine weitere Variante, die da heißt: »Schau, was aus mir geworden ist, weil du mich so schlecht behandelt hast!« Man will leiden, um damit beispielsweise einen lieblosen Elternteil zu »bestrafen«. Es ist jedoch sehr wahrscheinlich, dass die betreffende Person das gar nicht wahrnimmt. Und so leidet man umsonst.

Solche Spiele zu erkennen und zu beenden, um dafür einen besseren Weg einzuschlagen, gehört manchmal auch zur Aufgabe in einer Rückführungstherapie. Der innere Helfer zeigt, woher dieses Verhalten kommt, und dafür ursächliche Situationen werden erneut erlebt, wonach negative Gefühle (zum Beispiel Ängste, die das Verhalten aus dem unbewussten Ich gesteuert haben) aufgelöst werden. Danach kommt man im Gespräch mit dem inneren Helfer zur Einsicht über die Kontraproduktivität solchen Verhaltens und lässt das Gefühl los, das man vorher meinte, unbedingt behalten zu wollen.

3 *Karma als Lektion*

Der Begriff Karma wird, wie bereits angesprochen, oft als eine Form von Strafe verstanden – auch wenn östliche Religionen beziehungsweise Philosophien es nicht unbedingt so meinen. Es gibt indische und tibetische Darstellungen von Karma, die den Eindruck erwecken, dass es sich hier um ein unentrinnbares Schicksal handele: Als Folge irgendeiner Tat oder irgendeines Verhaltens müsse man entsprechende schmerzliche oder leidvolle Erfahrungen machen. Man könne sogar als Hund, Schwein oder Insekt wiedergeboren werden. Rückführungserfahrungen bestätigen solche Behauptungen allerdings in keiner Weise. Sie zeichnen ein ganz anderes Bild von Karma.

Da die Gleichsetzung von Karma und Strafe im Osten nicht ungewöhnlich ist, kann man dort leider beobachten, dass beispielsweise einem Menschen in Not nicht unbedingt geholfen wird. Man neigt zu der Meinung, dass man sonst in das Karma jener Person eingreife, was einem aber nicht zustehe. In Wahrheit ist dies ein Fehlverhalten, das uns sogar als Unterlassungstat neues »schlechtes« Karma einbringen kann. Es ist unsere Pflicht zu helfen, wenn wir können. Allerdings müssen wir unter Umständen in Kauf nehmen, dass die Hilfe nicht ankommt, nicht angenommen wird oder nichts bringt. Dann – und erst dann – können wir dies dem Karma jener Person zurechnen. Andernfalls kann es für die Seelenentwicklung des Leidenden äußerst hilfreich sein, an sich selbst die Liebe zu erfahren, zu der er vorher nicht fähig war.

Ein rätselhaftes Bibelwort dürfte hiermit zu tun haben: »Wer viel bekommen hat, dem wird noch mehr gegeben werden. Aber wer wenig bekommen hat, von dem soll auch das genommen werden, was er hat« (Matth. 13,12 und 25,29, Luk. 8,18 und 19,26). Wer genug hat, um mit den Notleidenden zu teilen und es auch tut, sammelt gutes Karma an und ihm geht es im nächsten Leben noch besser. Wer aber angesichts der Not anderer geizig für sich behält, was er hat, der wird es verlieren.

In Wahrheit gibt es kein »gutes« oder »schlechtes« Karma. Karma ist neutral: Wir bekommen es in der Qualität zurück, in der wir es »gesät« haben. Wie wir schon sagten, handelt es sich bei so genanntem schlechtem Karma also nicht um eine Strafe, sondern um eine Lektion; uns wird der Spiegel vorgehalten. Auf der Seelenebene erkennen wir, dass wir uns ein Fehlverhalten geleistet haben und deshalb eine entsprechende Erfahrung brauchen, um daraus zu lernen und unser Verhalten zu berichtigen. Eine solche Erfahrung ist jedoch nicht unausweichlich. Sollten wir rechtzeitig zu Einsicht, Reue und Umkehr gelangen und wissen, dass wir so etwas nie wieder tun würden, erübrigt sich die Lektion. Sie hätte ja keine Funktion mehr.

Nun ist es aber leider so, dass auffallend wenige Menschen diesen Weg der Einsicht und Umkehr freiwillig gehen. Die meisten kennen nur Ausreden und Rechtfertigungen für ihr Verhalten und benötigen daher die karmische Lektion. Hier scheint es nach der Regel zu gehen: »Wer nicht begreifen will, muss fühlen.«

Wer fällt das Urteil?

Wer entscheidet nun über unser Schicksal und erteilt uns unsere Lektion? Kommen wir im Jenseits vor Gericht? Sicher nicht. Wir urteilen vielmehr über uns selbst. Wenn die Seele den Körper verlassen hat und lichtwärts strebt, kommt es offensichtlich zu einer Form von Bewusstseinserweiterung. Das im verkörperten Zustand unbewusste Ich wird eins mit dem bewussten Ich und beide werden zu einem großen bewussten Ich. Es gibt dann also kein unbewusstes Ich mehr, sondern alles ist bewusst geworden. Aus diesem weiten bewussten Ich heraus urteile ich selbst über das körperliche Dasein, das ich verlassen habe. Ich erkenne, sicher nicht ohne Schmerz, dass ich aus dem Ego und dem besserwisserischen, aber stark eingeschränkten bewussten Ich heraus manches falsch gemacht habe. Oft habe ich eigene Vorteile auf Kosten anderer gesucht oder gar Menschen bewusst Leid zugefügt – aus Rache, Hass oder einfach aus Ignoranz. Ich hatte meinen Spaß, meinen Gewinn, meine Schadenfreude, alles andere war mir egal. Ich wollte nichts davon wissen, dass ich dafür später einmal eine Rechnung zu begleichen hätte.

Eine weitere Frage, die sich – gerade von der christlichen Kultur geprägte – Menschen immer wieder stellen, heißt: Gibt es das Fegefeuer? Zunächst einmal ist die Bezeichnung »Feuer« gar nicht zutreffend – in den meisten anderen Sprachen heißt es »Reinigung« (griech. *kathatyrion*, lat. *purgatorium*) –, jedenfalls nicht im wörtlichen Sinne. Beispielsweise findet man bei Origenes[2] die Aussage, dass nach dem Tod die Einsicht über begangene Ungerechtigkeiten »wie ein Feuer in der Seele« brenne. Hieronymus[3] sprach von einem »Brand des Gewissens«. Diese Ausdrücke meinen jedoch etwas ganz anderes als das katholische Dogma vom Fegefeuer, das – von den anderen christlichen Religionen als unbiblisch abgewiesen – erst im 13. Jahrhundert entstand. Gemeint ist hier, dass es schmerzlich sein wird, im Seelenzustand auf unsere Fehltritte in der vorausgehenden Verkörperung zurückzuschauen. Wir sehen dann ein, dass wir eine entsprechende Lektion nötig haben, um in unserer Seelenentwicklung voranzukommen. Wir sind in dieser Rückschau auch dazu bereit und stimmen dem zu. Was dann auch als karmische Folge kommen mag – wir haben es gewählt, zuerst durch unsere Tat, dann im Seelenzustand durch unsere Zustimmung. Das zu erkennen, lässt uns selbst die leidvollste Erfahrung in einem anderen Licht sehen.

Wir haben einen freien Willen

Wir wählen also an erster Stelle durch die Tat. Ein Beispiel: Ich gehe auf einer mittelalterlichen Straße, an deren Rand viele Bettler herumsitzen. Ich kann einigen, soweit es in meiner Möglichkeit steht, Geld, Speisen oder Kleider geben oder zumindest gut zureden. Oft erreiche ich damit nur wenige in der Schar, aber immerhin. Dann habe ich richtig gehandelt, aus meinem freigiebigen Herzen und nicht aus meinem eher geizigen Verstand heraus. Ich kann sie aber auch mit einem Stock wegjagen und einigen von ihnen noch ein paar schmerzhafte Hiebe verpassen, weil ich meine, dass ihre Anwesenheit eine Belästigung sei. Dann habe ich nicht nur gewählt, mich so zu verhalten, sondern auch – sofern ich nicht auf andere Weise zur Einsicht komme – dass ich eines Tages selbst als Bettler dort sitzen werde. Höchstwahrscheinlich wird dies in einer neuen Verkörperung sein.

Wir haben einen freien Willen und wählen also zunächst durch unsere Handlungen. Die Wahlfreiheit geht aber nicht so weit, dass wir dann auch die Folgen unseres Handelns wählen können. Alles oder nichts! Leider können wir uns nicht nur die Rosinen aus dem Kuchen herauspicken und den Rest wegwerfen. Wir müssen schon den ganzen Kuchen essen, den wir selbst gebacken haben – es sei denn, wir kommen vorher zur Einsicht.

Diese Wahrheit lässt sich mit einer drastischen Geschichte illustrieren – ich hatte einige Fälle dieser Art in meiner Praxis: Ein mittelalterlicher Soldat vergewaltigt im Feindesland viele Frauen und bringt sogar ein paar davon um. Er überlebt den Krieg und kennt noch auf dem Totenbett keine Reue. Das sei doch das Recht des Eroberers gewesen und die Feinde haben nichts anderes verdient! Die Kameraden taten es, warum sollte er es nicht auch tun? Es hat ja auch noch Spaß gemacht … Seine Seele verlässt den Körper und kommt allmählich in den bereits erwähnten erweiterten Bewusstseinszustand. In diesem Zustand schaut er auf sein Soldatenleben zurück und es beschleichen ihn schreckliche Schuldgefühle: »Wie konnte ich nur?« Er sieht nun klar sein Fehlverhalten ein und erkennt, dass es in Wahrheit gar keine Feinde gibt; schließlich sind wir alle Menschen. Auf der Ebene seines höheren Selbst entscheidet er nun: »Ich werde als Frau wiedergeboren und vergewaltigt werden, sodass ich lerne, so etwas nie wieder zu tun!« Selbst aus der Perspektive der Lichtwelt ist das keine hübsche Sache, aber »Es wird schon gehen.« Im Seelenzustand sehen die Dinge nun mal ein wenig anders aus als in der Verkörperung dieses irdischen Lebens. Viele Jahre später wird ein Mädchen geboren. Es wächst in einer Hafenstadt in dem Land auf, das der Soldat für sein Feindesland gehalten hat. Man warnt sie davor, ins Hafengebiet zu gehen, weil es dort schlimme Gegenden mit Seemannskneipen und Vergnügungsviertel der übleren Art gibt. Um was genau es da eigentlich geht, wird ihr nicht gesagt, denn über so etwas spricht man ja nicht. Doch als jugendliches Mädchen treibt sie die Neugierde dorthin. Sich nur einmal das Treiben ansehen, das kann doch nicht so schlimm sein! Und schon passiert es: Sie wird vergewaltigt. Ihr ganzes Leben lang wird sie mit diesem schrecklichen Erlebnis nicht fertig; sie lebt allein und hadert mit ihrem Schicksal.

Schließlich stirbt sie und ihre Seele wandert wieder lichtwärts. Ihr Bewusstsein erweitert sich und sie schaut auf das Leben als Frau zurück: »Schrecklich ...«. Doch allmählich kommt die Erinnerung an das Soldatenleben zurück und damit die Erkenntnis: »Ich habe ja viel schlimmere Dinge getan. So viele Frauen ... und ein paar davon getötet ... Da bin ich in meinem Leben als Frau geradezu billig davongekommen. Ich wurde nur einmal vergewaltigt und überlebte es.« Sie erkennt nun auch, dass sie jene Verkörperung als Frau selbst gewählt hat, weil sie diese Lektion brauchte.

Das Karma hat verschiedene Facetten. Wenn ein Täter etwas Übles tut, erlebt er nur die Gefühle auf der Täterseite. Das ist jedoch nur die halbe Erfahrung. Die andere Hälfte fehlt noch: was das Opfer fühlte. Etwas in unserem Unbewussten will das wissen, wenngleich das bewusste Ich gern auf diese Erfahrung verzichten würde. Also suchen wir später sozusagen eine »Erfahrungsergänzung« und erleben in einer ähnlichen Situation auch die Opfergefühle. So wird die Erfahrung komplett.

Man könnte hier einwenden, dass dann das Opfer auch die Gefühle des Täters erfahren müsse. Diese kennt aber die Seele des Opfers schon – sie hat die entsprechende Erfahrung schon hinter sich, denn sie hat bereits vorher das Tätersein erlebt. Opfersein ist immer die karmische Folge des Täterseins. Die Seele, die ein Opfererlebnis hat, befindet sich in diesem Sinne schon einen Schritt weiter als der Täter.

Wir suchen unseren Täter

Wenn nun die karmische Lektion des Opferseins auf dem Plan für eine neue Inkarnation steht, dann muss ich wohl irgendwie zu dieser Erfahrung kommen. Dabei steht nicht von vornherein fest, wann, wo und wie genau sie geschehen wird; das ergibt sich vielmehr aus Gelegenheiten. Unbewusst suche ich mir einen Täter oder provoziere ihn. Gelingt es mit dem einen nicht, so klappt es eben mit einem anderen. Wobei noch einmal betont werden muss, dass das den Täter nicht entlastet. Er tut es ja nicht, um mir auf einer höheren Ebene weiterzuhelfen, sondern aus ganz egoistischen Beweggründen. Meine Seele findet schon jemand, der noch so unreif und seelisch wenig weit entwickelt ist, dass er es tut. Die Auswahl in dieser Welt ist da ja leider nicht eben klein.

Man braucht aber nicht unbedingt einen Täter, es besteht auch die Möglichkeit, Opfer von Umständen oder sogar zum eigenen Täter zu werden. Mein Lehrer Bryan Jameison berichtete von dem Fall eines Workaholics, der sich keine Ruhe gönnte. Er war im früheren Leben ein Sklaventreiber gewesen. Nun fand er wohl keinen ausreichend gemeinen Chef und wurde daher zu seinem eigenen Sklaventreiber.

Wir streben also unbewusst danach, selbst zu erfahren, wie es damals unserem Opfer ging. Ein weiteres Beispiel von Jameison ist ein Mann, dessen Hobby das Fallschirmspringen war. Er hatte aber den unerklärlichen Drang, den Fallschirm immer so spät wie nur irgend möglich zu öffnen. Wäre es so weitergegangen, er hätte wohl eines Tages seinen Körper platt auf dem Boden wiedergefunden und seine Seele wäre davongeschwebt. In der Rückführung konnte die Erklärung für dieses zwanghafte Verhalten gefunden werden. Der Mann hatte in einem früheren Leben das Matterhorn erklommen. Er und ein Freund stiegen aneinandergeseilt hinauf. Der Freund rutschte aus und blieb am Seil hängen, während er selbst sich an einen Felsen klammerte. Er fühlte seine Kräfte schwinden und wusste, dass sie in wenigen Augenblicken beide abstürzen würden. Die einzige Möglichkeit, die ihm blieb, war, sich selbst zu retten und den Freund seinem Schicksal zu überlassen. So schnitt er mit den allerschlechtesten Gefühlen das Seil durch und musste mit ansehen, wie der Freund in die Tiefe stürzte. In ihm hallte die Frage wider: »Was fühlt er jetzt?« – und dies bis ins heutige Leben hinein. Darauf suchte er beim Fallschirmspringen eine Antwort.

Im Film *Der Himmel über Berlin* steht in einer Szene ein Engel (gespielt von Bruno Ganz) neben einem Mann, der sich das Leben nehmen will und sich auf den Sprung vom Dach vorbereitet. Der Engel redet zur Seele des Mannes und will ihn von seinem Vorhaben abhalten. Aber der Mann springt; der Engel ist verzweifelt. So ungefähr stelle ich es mir vor, wenn das egohafte rationale und bewusste Ich vor einer schlechten Tat steht. Das höhere Selbst der Person versucht – wie der Engel auf dem Dach – das Ego von der Tat abzubringen, aber dieses hört gar nicht zu. So muss das höhere Selbst traurig feststellen: »Da brauchen wir wohl noch eine Lektion …«

Die Lektion für uns alle lautet: Wir müssen lernen, auf unser Herz zu hören. Leider werden wir jedoch dazu erzogen, möglichst nach den Vorgaben unseres Verstandes zu handeln. Wir wollen das Geheimnis des Fuchses nicht wahrhaben, das er dem kleinen Prinzen im Buch von Antoine de Saint-Exupéry verrät: »Man sieht nur mit dem Herzen gut. Das Wesentliche ist für das Auge unsichtbar.« Wir alle sind unerkannte kleine Prinzen und Anwärter auf ein

Königtum, das wir niemals mit dem Verstand erreichen können, sondern nur mit unserem Herzen.

Das Theodizee-Problem

Zu der Frage von Opfer, Täter und freiem Willen gibt es ein theologisches »Rätsel«, das in der Theologie stiefmütterlich behandelt wird. Unter dem kirchlichen Dogma ließ sich keine zufrieden stellende Lösung finden und so erklärte man schließlich, dass dies den Verstand der Menschen übersteige, und gab die Versuche auf. Dieses Problem wird das Theodizee-Problem[4] genannt und kann folgendermaßen definiert werden: Erstens ist Gott die absolute Liebe und will nicht, dass jemand leidet. Zweitens ist er allwissend und allmächtig und könnte jedes Leid verhindern. Drittens ist aber die Welt voll von Leid. Wie passt das zusammen?

Die bisher überzeugendste Antwort ist die Reinkarnation und das Karma in Verbindung mit dem freien Willen. Demnach gibt es kein Leid ohne Grund, und den Grund haben wir in der Vergangenheit selbst gelegt.

Einordnen statt unterordnen

Karma bedeutet, dass ein Gleichgewicht angestrebt wird, aber nicht im Sinne von Ausgleich nach dem Prinzip »Auge um Auge, Zahn um Zahn« oder »Wie du mir, so ich dir«. Nein, es geht um Harmonie. Echte Harmonie erfordert, dass man sich einordnet, dass jeder im Zusammenleben seinen Platz findet, sich auf die anderen einstellt und das *gemeinsame* Beste sucht. Damit ist eine Art »horizontales« Einordnen gemeint, im Gegensatz zum »vertikalen« Unterordnen.

Dieses Einordnen unter gleichen Bedingungen für alle befördert eine echte Harmonie, wie sie in der Lichtwelt herrscht, wo wir ursprünglich herkommen. Wir alle sind »gefallene Engel«, die die

Lichtwelt verlassen haben, um ihren freien Willen auszuleben, ohne dabei Rücksicht auf andere zu nehmen. Wir wollten unsere Individualität maximieren und mussten entdecken, dass wir uns nach wie vor einordnen müssen. Kein System kann ohne eine Ordnung existieren. Es verfällt sonst in Chaos, Streit und Krieg. Wir verloren die Harmonie der Lichtwelt, nur um festzustellen, dass wir uns auch hier auf der Erde wieder einordnen mussten, doch nun »vertikal« in hierarchischen Machtstrukturen. Wir lernen daraus, dass es ohne Einordnen nicht geht und dass die harmonische Einordnung der Unterordnung bei weitem vorzuziehen ist. Die einzige Möglichkeit, sich nicht einzuordnen, ist die totale Einsamkeit. Und diese erlangt man entweder, indem man Eremit wird oder indem man sehr viel Macht anhäuft. Denn Macht macht einsam. Je mehr Macht man hat, desto einsamer ist man. Niemand liebt denjenigen, der Macht hat, sondern ist mit ihm meist nur aus Zwang zusammen oder weil er sich davon Vorteile erwartet. Wer den Gipfelpunkt der Pyramide einnimmt, ist der Einsamste von allen.

In Anlehnung an das gnostisch-christliche Weltbild (vgl. Kapitel 16) illustriert das »Märchen« im folgenden Kapitel, wie die Zusammenhänge wohl tatsächlich sind.

4 *Ein »Märchen« vom freien Willen*

Gott, der Urschöpfer, betrachtete Seine Schöpfung und war mit ihr zufrieden. Es gab in ihr eine große Zahl von Wesen, und alle trugen sie ein Samenkorn für das Wachstum zum vollkommenen Guten in sich, den Samen der Vollendung. Sie wuchsen fröhlich, spielerisch in einem Paradies auf und hatten einen freien Willen, um Entscheidungen zu treffen. Dadurch konnte jedes dieser Wesen seinen eigenen Weg gehen, so wie es seiner Natur am besten entsprach.

Wer seinen freien Willen ausleben wollte, stieß aber manchmal auf Einschränkungen. Der eigene freie Wille konnte in Konflikt mit dem freien Willen eines anderen Wesens geraten. Es kam vor, dass das, was ein Wesen gern getan hätte, im Widerspruch dazu stand, was ein anderes wollte – oder sogar dazu, was viele andere wollten. Hätte jenes Wesen in einem solchen Fall auf seinem freien Willen bestanden, so wäre das einem Beschneiden des freien Willens anderer gleichgekommen, oder sie hätten sich zumindest verletzt gefühlt.

In der Lichtwelt ist es aber nicht gut möglich, einen anderen zu verletzen. Man ist dort direkt mit dem Wesen verbunden, an das man sich wendet, oder man spürt es indirekt, wenn man etwas tut, das ein anderes Wesen betrifft. Denn in der Lichtwelt gibt es keine wirkliche Trennung. Man fühlt und erlebt sofort alles mit, was im anderen vorgeht. Fühlte sich jemand verletzt, so würde man selbst diesen Schmerz unmittelbar fühlen. Deshalb verletzt man andere nicht, denn man würde gleichzeitig sich selbst verletzen. Man tut auch nichts, was den freien Willen eines anderen Wesens beschneidet, da man es sofort auch als Beschneidung der eigenen Willensfreiheit empfinden würde.

Auf diese Weise wirkt sich der freie Wille in der Lichtwelt automatisch so aus, dass er nicht absolut, sondern relativ ist. Man sucht nicht an erster Stelle das eigene, sondern das gemeinsame Beste. Oder jedenfalls sucht man nur dann das eigene Beste, wenn es niemanden verletzt und niemandes freien Willen beeinträchtigt. Der freie Wille wird nicht egoistisch, sondern altruistisch gelebt. Sonst müsste man schon wie ein Eremit in der Wüste leben, und das wäre für die meisten auch nicht nach ihrem freien Willen.

Bei einem Konflikt würde der »Täter« unmittelbar und unvermeidlich alles miterleben, was sein »Opfer« fühlt und erlebt. Er wäre gleichzeitig Täter und Opfer. Das wäre eine Art Sofort-Karma, Ursache und Rückwirkung wären eins. Und deshalb kann man in der Lichtwelt einfach nicht zum Täter werden.

Doch gab es in der Lichtwelt Wesen, die meinten, dass unter diesen Umständen der freie Wille nicht wirklich frei sei. Es müsse möglich sein, meinten sie, den freien Willen voll auszukosten und sich alles zu erlauben, was man wolle. Gott wandte ein, dass dies nicht gehe, da es dann immer wieder zu Konflikten mit anderen Wesen käme. »Du bist doch allmächtig!«, sagten die Wesen, denen ein altruistischer freier Wille nicht genug war. »Dann kannst Du es auch so einrichten, dass dies möglich wird! Es ist unser Wille, dass Du es tust. Es steht uns nach dem Gesetz der Willensfreiheit zu!«

Gott überlegte. Und Er fand eine Lösung. Sie sah so aus: Er trennte Ursache und Rückwirkung, sodass man letztere erst viel später erlebte. Dies würde denjenigen, der es so wollte, nicht an einer Tat hindern, aber er würde gleichwohl die Auswirkungen selbst erleben. Um dies zu ermöglichen, änderte Gott die Zeit. Es gibt zwar in der Lichtwelt auch eine Zeit, denn ohne sie würde alles stillstehen. Was man dort als Zeit erlebt, ist aber etwas anderes als das, was nun entstand.

Gott erschuf einen abgeschlossenen Raum, in dem alle Wesen, die es so wollten, die *Illusion* erleben konnten, ihren freien Willen egoistisch auszuleben. In diesem Raum herrschte nun die andere Zeit. Um diese Illusion zu ermöglichen, verdichtete Gott diese

Sonderschöpfung zu (scheinbar) fester Materie. Die Wesen, die dorthin gingen, inkarnierten größtenteils in physischen Körpern.

Da das egoistische Ausleben des freien Willens nur eine Illusion sein kann, ist es grundsätzlich nicht möglich, es auszukosten, ohne dass andere darunter leiden und sich in ihrer eigenen Willensfreiheit eingeschränkt fühlen. Es scheint tatsächlich so, als ob einer dem anderen seinen freien Willen »wegnehmen« kann, um ihn für sich zu pachten. Diese Illusion wurde dadurch möglich, dass die verkörperten Wesen nunmehr voneinander getrennt waren – nicht wirklich, aber scheinbar.

Zunächst kam es in jenen Wesen selbst zu einer Trennung zwischen dem bewussten, egohaften Ich und jenem Teil ihres Ichs, in dem sie nach wie vor miteinander verbunden waren. Der Trick war, diese Verbundenheit zu verbergen und in einen Bereich zu verschieben, den sie nicht so leicht wahrnehmen konnten. So entstand in jenen Wesen ein *unbewusstes Ich*.

In ihrem bewussten Ich konnten sie nun auch solche Äußerungen des freien Willens erleben, welche die Unterdrückung und Verletzung anderer mit sich brachten. Es wurde zum Beispiel möglich, einen anderen zu versklaven. In der Lichtwelt könnte so etwas nie geschehen, aber in der Illusionswelt sehr wohl. Der Versklavte erlebte schmerzliches Leid und den Verlust seines eigenen freien Willens, aber der Täter fühlte dies nicht mehr mit – jedenfalls nicht bewusst. Noch nicht.

Aber diese Situation verursachte ein Ungleichgewicht – die Auswirkungen des eigenen Handelns nach dem freien Willen konnten nicht mehr direkt erlebt werden. So musste ein Weg gefunden werden, das Gleichgewicht wieder herzustellen. Das geschah, indem die Wesen in einer neuen Inkarnation von der Rolle des Täters zu der des Opfers wechselten. Das Opfer dagegen musste nicht zum Täter werden, da es die entsprechende Erfahrung schon vor dem Opfersein durchgemacht hatte. Es kannte daher aus eigener Erfahrung schon den Zusammenhang des Opferseins mit dieser Art von freier Willensauslebung – wenn auch die Erinnerung daran in einer neuen Inkarnation ins unbewusste Ich hinabgesunken war. Diese unbewusste Erinnerung hinderte nunmehr als unbewusster Impuls das vormalige Opfer daran, so etwas selbst (wieder) zu tun, jedenfalls in einer gleichen oder ähnlichen Form. Aber es gab immer genug Wesenheiten, die neue Formen der ungehemmten freien Willensauslebung ausprobieren wollten und so zu neuen Tätern wurden. Diese hatten bestimmte Opfererlebnisse noch nicht hinter sich und verfügten deshalb auch über keine entsprechende unbewusste Erinnerung, die sie daran hindern konnte.

Anders gesagt herrscht in den materiellen Welten das Gesetz des Karma. Was wir anderen tun, wird auch uns getan werden. Was wir anderen wegnehmen, werden wir zurückgeben müssen. Dies ist aber kein »blindes« Gesetz, es geht nicht um »Auge um Auge und Zahn um Zahn«, wenn auch diese Fehlinterpretation des Gesetzes im bewussten Ich mancher Verkörperten als Missverständnis entstand. Wer nämlich selbst zu der Einsicht kommt, dass das egoistische Ausleben des freien Willens illusionär und daher sinnlos ist, braucht es am eigenen Leib nicht mehr zu erleben. Wer sich auf diese Weise entwickelt, wer dadurch reift und Liebe und Mitgefühl in sich entfaltet, nähert sich dem Ziel, das Gott, der Urschöpfer, mit dieser Sonderschöpfung angestrebt hat: Er hört allmählich wieder auf, egoistische Ziele des freien Willens zu beanspruchen. Er erkennt darin eine Verirrung und beginnt – wie in den Welten des Lichts – den freien Willen immer mehr altruistisch auszuleben. Auf diese Weise kann er mit der Zeit den abgeschlossenen Raum der Sonderschöpfung wieder verlassen und in die göttliche Lichtwelt zurückkehren – um eine äußerst lehrreiche Erfahrung bereichert.

Doch es gibt auch Ausnahmen: Manche Wesen, die es schon begriffen haben, inkarnieren trotzdem wieder, um anderen Menschen zur Einsicht zu verhelfen. Sie nehmen Aufgaben auf sich, die auch traurig und schmerzlich werden können, da immer noch so viele Menschen die Wahrheit nicht hören wollen. Das bedeutet, dass sie in mancher Hinsicht freiwillige Opfererlebnisse auf sich nehmen – nicht mehr als Folge von Karma, sondern weil dies für ihre Hilfstätigkeit unvermeidlich sein kann. Einer, der von ganz oben aus dem göttlichen Licht kam, ließ sich dafür kreuzigen …

Die Schöpfung hat viele Dimensionen. In den dichtesten Welten der Sonderschöpfung erleben die Verkörperten aber nur drei dieser Dimensionen, denn sie können mit ihren Sinnen nur diese drei wahrnehmen. Sie sind blind für die Realitäten weiterer Dimensionen. Es gibt aber in jener Sonderschöpfung auch einige wenige Wesen, die – neben »unseren« drei – noch vier oder gar fünf weitere Dimensionen bewusst wahrnehmen können (vgl. Kapitel 1). Auch sie sind verkörpert, nur in einem weniger stark verdichteten Zustand als die Wesen der drei Dimensionen. Die meisten von ihnen sind uns gut gesinnt, aber einige sehen deshalb Möglichkeiten, welche die dreidimensional Bewussten nicht wahrnehmen können: Sie manipulieren Letztere nach ihrem egobezogen ausgelebten freien Willen, um von ihnen zu profitieren. Zum Beispiel können sie unbemerkt die Lebensenergie anderer anzapfen. Es gab Zeiten, in denen solche Verkörperte höherer Dimensionen mit den Menschen Kontakt hatten, und sie entwickelten dabei eine Strategie. Um sich verehren zu lassen – und sich gleichzeitig vor Angriffen der Menschen zu schützen – gaben sie sich bei einigen Völkern der Erde als Götter aus. Sie ließen um sich herum Glaubensvorstellungen entstehen, welche die Menschen Religionen nannten.[5] Dadurch konnten sie die Menschen von größeren Wahrheiten abschirmen – von Wahrheiten über ihre eigene Natur, über die Natur der »Götter« und über den wahren Gott, den Urschöpfer. Stattdessen stellten sie sich selbst dazwischen. Es sollte in jenen Völkern möglichst keiner mehr über den Urschöpfer Bescheid wissen, sondern alle sollten diese »Götter« für Schöpfer halten, um auf diese Weise weiter unwissend und manipulierbar zu bleiben. Obwohl diese Religionen unvermeidlicherweise von Dingen sprechen mussten, die zu höheren Dimensionen gehören, ließ man unter den Menschen gleichwohl nur Wissenschaften zu, die rein dreidimensional orientiert waren. Was darüber hinausging, wollte man nämlich den Menschen verheimlichen und ganz für sich allein beanspruchen. Auch für solche »Götter« gilt das Karma.

Es kommt aber die Zeit – und die Dämmerung hat schon begonnen –, in welcher die Menschen allmählich erwachen, Stück für Stück bisher unerkannte Wahrheiten entdecken, zu einem erweiterten Bewusstsein heranreifen und das Joch jener falschen »Götter« abwerfen. Schon heute tragen manche dazu bei, ernten aber oft Spott und Hohn, was zur Strategie gehört, mit der man das Erwachen der Menschheit hinauszuzögern sucht. Früher erklärte man sie oft für verrückt, aber an solche Erklärungen glauben heute immer weniger Menschen.

5 *Reinkarnieren, um lieben zu lernen*

Es gibt in verschiedenen Religionslehren und Philosophien unterschiedliche Aussagen über den Grund, weshalb wir wiedergeboren werden. Im Folgenden möchte ich mich jedoch an die empirischen Erkenntnisse aus Rückführungserlebnissen halten, die sich im Laufe der Jahre aus einer großen Zahl von Rückführungen ergeben haben.

Die Reinkarnation ist wie eine Schule für die Seele. Sie soll durch all die Erfahrungen lernen, wachsen und sich entwickeln. Doch die Hauptlektion ist die Liebe – die bedingungslose Liebe für die Mitmenschen, aber auch für alle Mitwesen der Schöpfung. Dies tritt aus dem Erfahrungsschatz der Rückführungserlebnisse deutlich hervor. Die schwersten Verfehlungen, die das größte Karma verursachen, werden durch Versagen in der Liebe begangen. Aber was ist Liebe? Diese Frage soll später noch einmal aufgegriffen werden.

Zunächst aber ein paar verallgemeinerte und vereinfachte empirische Grundregeln für Reinkarnation und Karma. Man könnte sicher noch mehr aufstellen, aber die folgenden drei sind die wichtigsten.

Grundregel 1

Bei jenen Menschen, die du heute am meisten verachtest, hasst, erniedrigst oder ausnutzt, wirst du selbst wiedergeboren werden.

Aufgrund dieser Gesetzmäßigkeit werden Weiße zu Schwarzen, ausbeuterische Reiche zu Bettlern, patriarchalische Männer zu Frauen, männerhassende Frauen zu Männern, Sklaventreiber zu Sklaven, leichtfertig Urteilende zu unschuldig Verurteilten und so weiter.

Hierzu zwei Beispiele aus meiner Praxis: Ein farbiger Schweizer – er hatte einen weißen Vater und eine schwarze Mutter – wollte wissen, weshalb er mit seiner Hautfarbe in der Schweiz leben und darunter leiden müsse. Er erlebte in der Rückführung, wie er in seinen letzten drei Leben Menschen diskriminiert hatte. Im unmittelbar vorausgehenden Leben war er ein Amerikaner gewesen, der Schwarze verachtete. Diese Zusammenhänge wurden ihm selbst spontan in der Rückführung klar: »Jetzt verstehe ich! Ich muss heute das Gleiche am eigenen Leib erleben.«

Eine Frau wurde im früheren Leben durch ein leidvolles Schicksal zu einer Prostituierten, da sie in ihrer Not keinen anderen Ausweg zum Überleben sah. Auf die Frage an den Helfer, warum sie das habe erleben müssen, antwortete dieser: »In einem Leben davor warst du ein mächtiger Mann, der Prostituierte rücksichtslos verurteilte und grausam bestrafen ließ. Du solltest lernen, dass solche Frauen auch Menschen sind!«

Die Reihe ähnlicher Beispiele ließe sich beliebig fortsetzen: Der Soldat, der an der Front im Kampf gegen den vermeintlichen Feind fällt, wird nicht selten auf der anderen Seite der Front wiedergeboren. So kann seine Seele lernen, dass es in Wirklichkeit keine Feinde gibt. Der Begriff »Feind« ist eine menschliche Erfindung, die es uns ermöglicht, uns in ungerechtfertigter Weise von Mitmenschen abzugrenzen. Die Seele lernt so, auch jene vormals verachteten Menschen zu lieben, da sie ja nun selbst einer von ihnen ist, *solche* Menschen als Eltern hat und einen *solchen* Menschen heiratet. Jesus sagte: »Liebet eure Feinde!« Wer es nicht freiwillig tut, wird es wohl auf diese Weise lernen müssen.

Ich führte im Mai 2000 einen Kurs durch und lernte dabei eine Reinkarnationstherapeutin kennen. Vor mehreren Jahrzehnten wurde das Volk ihres Landes verfolgt und Opfer eines umfassenden Völkermords. Sie erzählte, dass sie in ihrer Praxis einige junge Klienten gehabt habe, die in ihrem Vorleben zu den Verfolgern gehörten! Nun sind jene also selbst unter den Menschen geboren, die sie einmal verachtet und verfolgt haben. Hoffentlich muss dies keine leidvolle Erfahrung für sie sein, aber es ist in jedem Fall auf der Seelenebene eine lehrreiche: Wir sind alle Mitmenschen, und zwar über alle ethnologischen Grenzen hinaus! Die handgreiflichen Mörder in jenem Wahn werden allerdings kaum darunter sein, weil sie wahrscheinlich woanders ein weit schwereres Karma absolvieren müssen.

Bryan Jameison hat die erste Grundregel einmal so formuliert: »Du wirst selbst das sein, was du heute hasst.« Man könnte es auch so sagen: »Du wirst selbst einer jener Menschen sein, bei denen du in Liebe und Mitmenschlichkeit am meisten versagt hast.«

Grundregel 2

Opfer und Täter kommen wieder zusammen.

Opfer und Täter begegnen sich wieder. Der Täter braucht diese Erfahrung, damit seiner Seele verziehen werden kann, das Opfer, weil es den Täter für seine Tat hasste – oder andere negative Gefühle für ihn hatte – und deshalb lernen muss, zu verzeihen.

Liebe ist zwar die stärkste Kraft im Universum, aber wenn es um die Beziehung zwischen zwei Seelen geht, bindet Hass sie in einem gewissen Sinne noch stärker aneinander. Hass kann als eine pervertierte Art betrachtet werden, sich an eine andere Seele zu klammern. Demjenigen, den wir lieben, *dürfen* wir wieder begegnen, aber wen wir hassen, den *müssen* wir wieder treffen. Hass bewirkt, dass wir wie mit Stahlseilen an eine Seele gefesselt sind, von der wir frei sein möchten. Es gibt aber nur einen einzigen Weg, um frei zu werden: Wir müssen verzeihen! Erst wenn der Täter und seine Tat unser Denken und Fühlen nicht mehr vereinnahmen, sind wir wirklich frei.

Hass verschließt das Herz, Liebe öffnet es. Verzeihen ist ein notwendiger Schritt zum Öffnen des Herzens und eine unvermeidliche Stufe auf dem Weg zurück zum Göttlichen.

Als ich vor vielen Jahren einen Vortrag hielt, fragte eine Frau: »Wenn ich meinem Mann verziehen habe, muss ich ihn dann nie wieder sehen?« Offenbar hatte die Fragestellerin noch nicht verziehen, sonst hätte sich die Frage erübrigt. Sie wird wohl mit ihrem Mann noch einmal zusammenkommen müssen … Echtes Verzeihen bedeutet, dass man sich auf eine Wiederbegegnung sogar freuen kann. Versucht man mit Berechnung zu verzeihen – eher vom Kopf her als aus dem Herzen – hat man sich verrechnet.

Seelen, mit denen wir noch eine »Rechnung offen« haben, begegnen wir wieder als Geschwister, als Elternteil und Kind, als Liebespaar oder gar Ehepartner, in selteneren Fällen werden wir Kollegen oder einfach Freunde, oder wir stehen uns sogar noch einmal als »Feinde« gegenüber.

Wie kommt es zu solch einer Wiederbegegnung? Während des Aufenthalts in der Lichtwelt zwischen zwei Inkarnationen haben unsere Seelen sich verabredet: »Wir werden so inkarnieren, dass wir uns begegnen und diese Sache zwischen uns erledigen können.« Dann inkarniert zum Beispiel die eine Seele als Mann und die andere als Frau. Eines Tages begegnen sie sich. Es ist vielleicht die berühmte Liebe auf den ersten Blick, die allerdings noch keine Liebe, sondern eher Verliebtheit ist. Womöglich wird auch noch geheiratet und nun haben die Seelen die Gelegenheit, sich zu versöhnen. Unter diesen Umständen gibt es aber mit Sicherheit unbewusste Hürden zu überwinden. Gelingt dies, bleiben sie in Liebe zusammen oder trennen sich einigermaßen in Freundschaft. Trennen sie sich aber in Streit und Hass und mit dem Vorsatz, den anderen möglichst gut auszubeuten, so haben sie sich sicher nicht das letzte Mal gesehen. Und wahrscheinlich ist sogar neues Karma hinzugekommen.

Was bei der Wiederbegegnung geschah und die Verliebtheit erweckte, ist das unbewusste Erkennen, dass das diejenige Seele ist, mit der man sich für eine Versöhnung verabredet hat – oder zumindest für einen Versöhnungsversuch. Es scheint, dass wir um die Versöhnung nicht herumkommen, sondern uns (mindestens) so oft wieder begegnen, bis diese erreicht ist.

Grundregel 3
Was du genommen hast, musst du wieder zurückgeben.
Diese Grundregel mag sich zunächst einmal auf materielle Aspekte beziehen, weil auch diese mit Fehlverhalten und seelischen Verletzungen zu tun haben können. Hat man jemanden ausgebeutet, so kann es sein, dass man ihn in einem anderen Leben unterstützen muss.

In meiner Praxis begegnete mir einmal eine Frau, die in einem Land lebt, in dem der Mann als Ausländer eine Arbeitsbewilligung brauchte, aber zunächst nicht bekam. Deshalb musste sie das Geld verdienen und ihn unterstützen, während er als »Hausmann« den Haushalt führte. Das war für sie in Ordnung, aber ihm gefiel es gar nicht. In einem früheren Leben war sie seine ältere Schwester gewesen. Die Eltern waren früh gestorben und sie sollte nun für den kleinen Bruder sorgen, hatte aber keine Lust dazu und machte sich aus dem Staub. Heute hat sie ihr liebloses Verhalten von damals ausbügeln dürfen.

In erster Linie geht es aber bei der dritten Grundregel um andere Werte: Hat man beispielsweise jemandem das Leben genommen, so wird man es ihm in vielen Fällen wieder zurückgeben müssen. Das damalige Opfer wird nicht selten zum Kind des ehemaligen Täters. Wer jemandem die Freiheit genommen hat, wird sich vielleicht später, wenn die Seelen wieder zusammen sind, für dessen Freiheit einsetzen müssen. Auch geraubte Gelegenheiten werden wieder zurückgegeben.

Die Liebe

Die Überschrift über die drei Grundregeln der Reinkarnation lautet: Wir inkarnieren, um lieben zu lernen. Deshalb möchte ich im Folgenden etwas detaillierter darauf eingehen, was Liebe überhaupt ist. Denn es gibt wohl kaum etwas, das so oft missverstanden wurde. Das Ego hält es gern für Liebe, wenn wir in einer Beziehung auf Händen getragen werden, wenn der andere uns alle Wünsche von den Augen abliest und erfüllt und uns ein angenehmes Leben ermöglicht, ohne dass wir selbst dafür viel tun müssen. Mit dieser unrealistischen Erwartung wird man jedoch unweigerlich enttäuscht und durch die Erfahrung eines Besseren belehrt werden.

Echte Liebe ist bedingungslos. Solange ich sage: »Ich liebe dich, wenn …« oder »Wenn du … kann ich dich nicht mehr lieben« ist das reine Erpressung, die mit Liebe nichts zu tun hat. Besonders Männer haben durch die Erziehung oft Schwierigkeiten, ihre Gefühle zu zeigen: »Du weißt doch, dass ich dich liebe. Dann muss ich es doch nicht auch noch zeigen.« Liebe ist aber nur so viel wert, wie sie auch gelebt und ausgedrückt wird. Hält man sie wie einen schönen Kuchen im Kühlschrank verschlossen und lässt den anderen nicht davon kosten, ist dies so gut wie keine Liebe.

Die Liebe hat eine Eigenart: Sie gedeiht und überlebt nur im Austausch von Geben und Empfangen. Eine einseitige Liebe ist nicht überlebensfähig. Weil sie keine Nahrung bekommt, verwelkt sie. Das bedeutet, dass die Liebe ihre eigene Ökonomie hat: Du bekommst nicht mehr Liebe als du gibst! Das mag zwar vorübergehend anders sein, aber unter dem Schlussstrich des Lebens am Ende der Verkörperung wird die Bilanz aufgehen. Wer keine Liebe geben »kann« – weil er nicht will oder es nicht wagt –, der wird auch keine bekommen.

Besonders Männer halten es nicht selten für Schwäche und »Gefühlsduselei«, sanfte und zärtliche Gefühle wie die Liebe zu zeigen. Natürlich gibt es auch Frauen, die hier ein Problem haben. Damit offenbaren diese Menschen aber ihre Schwäche: Sie wagen es nicht, Liebe zu zeigen. Sie haben Angst vor Gefühlen und verschanzen sich hinter einer Macho-Fassade, die ihre Angst verbergen soll. Doch der wahrhaftig starke Mann zeigt Liebe und steht dazu, dagegen ist er vorsichtig mit groben Gefühlen. Darin offenbart sich wahre Stärke.

Die Liebe zum Kind

Im vorigen Abschnitt wurde zunächst von Liebe in der Form gesprochen, in der die meisten täglich damit zu tun haben – gemeint ist die partnerschaftliche Liebe. Es gibt aber natürlich viele Formen von Liebe. Eine, von der die meisten herausgefordert werden, ist die Liebe zu den Kindern.

Zur Liebe zum Kind gehört der Körperkontakt. Man muss das Kind anfassen, es in die Arme nehmen, streicheln, halten. Man muss es trösten, wenn es traurig ist und loben, wenn es etwas richtig gemacht hat. Der Körperkontakt ist so viel Nahrung für die Seele wie das Essen für den Leib. Sehr viele Menschen wurden in der Kindheit seelisch nicht ausreichend ernährt. Viele Eltern meinen, es sei bereits genug der Liebe, wenn man dem Kind zu essen gibt, es gut kleidet und ihm eine Ausbildung ermöglicht. Ja, auch diese Dinge sind wichtig, aber das reicht nicht. Manche Eltern wollen sich so unbewusst von der weiteren Elternpflicht freikaufen: echte Liebe zu zeigen und die Kinder die Liebesfähigkeit zu lehren. Das ist natürlich keine leichte Aufgabe – vor allem, wenn die Eltern selbst in der Kindheit keine Liebe erfahren haben.

Sehr oft wird Liebesunfähigkeit von den Eltern auf die Kinder übertragen. Sie haben selbst in der Kindheit keine wirkliche Liebe erfahren dürfen, und so können oder wollen sie jetzt auch keine geben. Doch statt die Fehler der eigenen Eltern zu wiederholen, müssten sie aus eigener Erfahrung wissen, wie schlimm es war, als Kind keine Liebe bekommen zu haben. Wenn sie es den Eltern gleichtun, verpassen sie eine große Gelegenheit. Denn die Liebe, die sie in der Kindheit vermissten, hätten sie nun mit den eigenen Kindern leben und auf diese Weise »nachholen« können, wenn auch mit vertauschten Rollen.

Es gibt sogar Eltern, die unbewusst nach dem Prinzip handeln: »Ich hatte als Kind selbst keine Liebe. Warum soll mein Kind dann Liebe bekommen?« So rächen sie sich, ohne sich dessen bewusst zu sein, an den eigenen unschuldigen Kindern. Es sind leider verhältnismäßig wenige Eltern, die stattdessen nach dem Prinzip handeln:

»Ich weiß, wie schmerzhaft es ist, wenn man als Kind keine Liebe bekommt. Da soll mein Kind es besser haben!« Aus der verhängnisvollen Weitergabe von Lieblosigkeit auszubrechen ist schwer, aber ein großer Entwicklungsschritt.

Es gibt auch Eltern, die ihre Kinder wirklich nicht lieben, sondern sie unbewusst dafür bestrafen, dass sie existieren. Zumindest indirekt bekommen sie zu spüren, dass man sie nicht haben wollte. Man will dem Kind die Schuld dafür geben, dass es geboren wurde – als ob die Seele des Kindes die Mutter geschwängert hätte! Doch es ist natürlich leichter, die eigene Frustration an dem kleinen, wehrlosen Kind abzureagieren als selbst die Verantwortung zu übernehmen. Hier geschieht eine schreckliche Ungerechtigkeit. Wird eine Frau schwanger, zieht sie eine Seele an. Wäre es nicht jene Seele, so wäre es eine andere gewesen. Das Kind kann hierbei niemals und in keiner Weise die Schuld tragen.

Die Liebe unserer Eltern erwidern

Wenn wir auf die Welt kommen, ist es selbstverständlich, dass wir unsere Eltern lieben. Sind es liebevolle Eltern, fällt dies auch gar nicht schwer. Manche Eltern erwarten aber eine Liebe, die sie selbst nie gegeben haben. Sie erwarten beispielsweise, dass man für sie da ist, wenn sie alt sind. Das sei ja unsere Pflicht. Um die Kinder in diese Richtung zu drängen und zu manipulieren, werden Schuldgefühle geschürt und ein besitzergreifendes Verhalten an den Tag gelegt. Nicht selten geschieht dies sogar auf Kosten der Ehe des Kindes, wenn zum Beispiel die Mutter dort ihren Einfluss ausübt und über die Erziehung der Enkelkinder (mit-)bestimmen will oder sogar darüber, wie die Ehe gelebt werden solle. Denn der Sohn oder die Tochter soll an erster Stelle für Mutter oder Vater da sein, der Ehepartner ist da zweitrangig. Wenn sie sich so verhalten, verdienen es aber die Eltern nicht, im Alter geliebt und geachtet zu werden, es wird dem Kind vielmehr zur lästigen Pflicht. Auch hier gibt es nur einen Weg: die Liebe – die dann gern erwidert wird. Sätze wie »Ich habe ja alles für dich getan!« helfen kaum weiter, wenn dies nur materieller Natur war und es an wirklicher Liebe fehlte. Das war dann nicht wirklich »alles«. In diesem Fall bekommen die Eltern höchstens das zurück, was sie gegeben haben: materielle Zuwendung, aber keine Liebe.

Doch wie immer gilt: Wenn wir zur Einsicht kommen – in diesem Fall, weshalb unsere Kindheit war wie sie war – und was wir daraus lernen sollen, dann können wir verzeihen.

Besitzergreifende »Liebe«

Manche legen unbewusst ein besitzergreifendes Verhalten an den Tag. Doch das erstickt die Liebe. Eine der besten Methoden, um eine »geliebte« Person zumindest innerlich – wenn nicht gar äußerlich – von uns wegzutreiben, ist ein besitzergreifendes Verhalten. Wir wollen sie an uns binden und sicher sein, dass sie zu uns hält, aber sie tut es widerwillig und eher aus einem Pflichtgefühl heraus als von Herzen. Und es ist gut möglich, dass sie uns am Ende sogar verlässt. Wahre Liebe respektiert die Freiheit des anderen, der dann auch gern freiwillig bei uns bleibt. Liebe lässt sich nicht erzwingen, sondern braucht genügend Freiraum, sonst erstickt sie. Liebe kann man auch nicht kaufen, sie hat nur *einen* Preis: eben Liebe. Nur wer bedingungslos liebt, und das ohne Hintergedanken der Erwartung, der bekommt auch echte Liebe zurück.

Es gibt allerdings Fälle, in welchen die Liebe doch keine Gegenliebe fördert. Das liegt dann meistens an der Unreife oder Liebesunfähigkeit der anderen Person und gehört eher zu den »Ausnahmen, welche die Regel bestätigen«. Die Person ist vielleicht durch eine lieblose Kindheit geschädigt und kann nicht anders; sie ist noch nicht so weit. Das andere Extrem ist das verwöhnte Kind, das auch als Erwachsener die Liebe der anderen für selbstverständlich hält, ohne mit Liebe darauf zu antworten – eine andere Variante von Unreife. Kinder zu lieben, heißt nämlich nicht, sie zu verwöhnen, sondern es gehört dazu, ihnen auch das Lieben beizubringen.

Die Liebe zum Mitmenschen – und zum Göttlichen

Bei der Liebe geht es nicht nur um unsere Nächsten, sondern um Mitmenschen überhaupt. Gemeint ist nicht einmal nur das eigene Volk, die eigene Kultur oder die eigene Religion. Die Liebe, von der Jesus sprach, kennt keine Grenzen. Es gibt keinen Menschen auf der Erde, der nicht in diesem Sinne unser Bruder oder unsere Schwester ist. Wer »anders« ist – wer eine andere Herkunft oder einen anderen Glauben hat, wer eine andere Sprache spricht oder eine andere Hautfarbe hat – ist nicht weniger Mitmensch als alle anderen. Damit sind wir wieder bei Grundregel 1 und ein Kreis schließt sich.

In der griechischen Philosophie sprach man von drei Arten der Liebe: *Eros*, *Filía* und *Agápe*. Die beiden ersten haben wir behandelt. Eros ist die partnerschaftliche Liebe, zu der Sexualität und Erotik – aber nicht nur sie – als natürliche Bestandteile gehören. Filia ist die freundschaftliche Liebe zum Mitmenschen.

Agape hingegen ist die Hingabe zum Göttlichen, aber auch Gottes Liebe für uns. Im Christentum spricht man viel von der Liebe zum Mitmenschen – viel mehr als man sie praktiziert. Im Buddhismus spricht man von der Liebe zum Mitgeschöpf und zum Mitwesen überhaupt. Zum Kreis der Liebe gehören bei einer hoch entwickelten Person auch Pflanzen und Tiere sowie all die unsichtbaren Wesen der Schöpfung, bis zu Gott selbst hinauf. Wessen Liebe solch weite Kreise zieht, erfüllt eine Grundvoraussetzung, um nicht mehr inkarnieren zu müssen. Eine weitere dürfte sein, dass es keine Seele mehr gibt, mit welcher man sich noch versöhnen muss.

Manche meinen, dass Eros, Filia und Agape eher Entwicklungsstufen der Liebe seien. Wer den spirituellen Weg geht, bräuchte Eros bald nicht mehr und würde sich schließlich auch von Filia lösen, um nur in Agape zu leben. Eine schöne Idee, aber ist sie auch wahr? Ist es nicht eher erstrebenswert, den Kreis immer mehr zu erweitern, sodass schließlich *alle drei* Liebesformen gelebt werden? Könnte sonst diese Idee nicht zur Ausrede werden, um den Mitmenschen den Rücken zu kehren und sich nur noch Gott zuzuwenden? Um so die Welt zu flüchten? Ich meine, hier besteht vielmehr die Gefahr eines »spirituellen Egoismus«, der uns in unserer Entwicklung zurückwirft statt vorwärts bringt.

Was Jesus lehrte und wie wir es heute missachten

Viele, die sich Christen nennen, scheinen in diese letztgenannte Richtung zu tendieren. Sie hören offenbar mehr auf die Politik der Prediger als auf die Worte Jesu. Wer meint, dass zu seinem Kreis der Liebe nur die eigenen Glaubensbrüder gehörten, hat diese Worte nicht verstanden. Jesu Worte zeigen, dass es keinen einzigen Menschen auf der Erde gibt, der nicht unser Bruder oder unsere Schwester ist. Da macht es keinen Unterschied, ob er einen anderen Glauben hat. Es gibt mehrere Wege zu Gott und alle meinen, nur der eigene sei der richtige. Wer hat denn nun Recht? In Wirklichkeit sind alle Wege teilweise richtig und teilweise wurden menschliche Irrtümer beigemengt. Wie können sich sonst vermeintliche Christen so zutiefst unchristlich verhalten, wie beispielsweise in Belfast, wo sie sich sogar gegenseitig die Köpfe einschlagen, nur weil die einen Katholiken und die anderen Protestanten sind? Welch traurige Verirrung!

Es steht doch deutlich im Neuen Testament: »… was ihr einem dieser geringsten meiner Brüder getan habt, das habt ihr mir getan. … was ihr einem dieser Geringsten nicht getan habt, habt ihr auch mir nicht getan« (Matth. 25,40 und 25,45). Kein Wort davon, dass zu den Geschwistern nur diejenigen der eigenen Glaubensrichtung gehören sollten. Auch das Gleichnis vom barmherzigen Samariter (Luk. 10,33–36) weist auf das Gegenteil hin. Der wahre Gott, der Urschöpfer, hat uns alle erschaffen und ist uns im Mitmenschen am nächsten – in der eigenen Familie, vor unserer Türe, auf der Straße, und dort ebenso in der schönen jungen Frau wie im Penner, von dem wir uns am liebsten abwenden würden. Aber gerade dort finden wir einen jener Geringsten. Das soll nicht heißen, dass wir uns ausnutzen lassen und möglicherweise Arbeitsscheu und Drogensucht durch milde Gaben unterstützen sollen. Es kommt auf das Verhalten diesem Mitmenschen gegenüber an. Und wer kann schon urteilen? Wer weiß schon, wer ein echter Notleidender ist und wer eher aus Faulheit und Bequemlichkeit bettelt (um bei diesem Beispiel zu bleiben)? Oder wer weiß, wer aus Gefahr zu uns flüchtet, um Asyl zu suchen, oder wer eher ein »Wirtschaftsflüchtling« ist und nur den größeren Wohlstand sucht? Da werden wir uns vermutlich sehr oft irren. Leicht geben wir es dem Falschen und gehen an dem vorbei, der es wirklich nötig hat. Nicht selten schimpfen wir vielleicht über den Leidenden, während wir uns von der Überzeugungskunst des Betrügers beeindrucken lassen. Wir sollten es daher vermeiden, mit dem Verstand zu urteilen, sondern vielmehr aus dem Herzen heraus handeln.

Definition der Liebe

Viele haben sich an der Definition der Liebe versucht. Ich habe jedoch noch keine gefunden, die vollauf befriedigend gewesen wäre. Ich möchte einmal die folgende vorschlagen: »Die Liebe ist das Erkennen von sich selbst im anderen – das Erkennen, dass wir alle eins sind.« Eine unbequeme Definition. Erstens spiegelt mir der andere oft gerade das, was ich an mir selbst nicht sehen oder wahrhaben möchte. Doch hätte ich es nicht in mir, so würde es mich ja beim anderen nicht stören. Zweitens möchte ich mit einem üblen Gesellen oder einem versoffenen Penner ungern eins sein; aber nach der geistigen Lehre bin ich es, ob ich will oder nicht. Das Einssein zu erkennen, bedeutet aber gar nicht, sich auf dessen Stufe hinabsinken zu lassen, sondern ihn durch Liebe und Verständnis – und sicher nicht durch Vorwürfe und Moralpredigten – ein Stück emporzuheben, sofern er es annimmt. Das jedenfalls trägt auch zu meinem eigenen spirituellen Wachstum bei.

Die letzte Frage

Wird uns nach dem Tode eine Frage gestellt, heißt sie sicher nicht: »Was hast du geleistet?« oder »Was hast du erworben?« und auch nicht: »Wie oft bist du in die Kirche gegangen?«, sondern: »In welchem Maße hast du die Liebe gelebt?« und »Wo hast du in der Liebe versagt?« Mit jeder neuen Verkörperung dürften wohl unsere Antworten immer besser ausfallen.

Das Rückführungserlebnis kann uns auch schon für das heutige Leben besser darauf vorbereiten, da uns echte Werte und wichtige Zusammenhänge bewusster werden.

6 *Was beim Sterben geschieht*

In unserer Kultur sterben die meisten Menschen unvorbereitet. Wir wissen nicht, was der Tod ist, und man zeichnet ein eher angsterregendes Bild von ihm. Was beim Sterben oder danach wirklich geschieht, wird jedoch in fast jeder Rückführung erfahren, nämlich dann, wenn man das Ende einer vergangenen Inkarnation erlebt. Diese Erfahrungen sind nicht nur lehrreich, sondern befreien uns weitgehend von der Angst vor dem Sterben, die vielen von uns im Laufe der Zeit mehr oder weniger anerzogen wurde.

Zur Illustration möge ein kleiner Ausschnitt aus einer Rückführungssitzung dienen: Wir gehen zu dem Zeitpunkt etwa eine Stunde vor dem Tod in einem früheren Leben. »Ich liege im Bett, bin alt und schwach.« – »Bist du allein?« – »Nein, meine Frau sitzt da.« – »Wie fühlst du dich?« – »Ich habe ein bisschen Angst, weil ich vielleicht sterben muss.« – »Und was empfindest du für die Frau?« – »Ich hab sie gern, ich möchte sie nicht verlassen.«

Wir begeben uns nun zu dem Moment fünf Minuten vor dem Tod. »Was fühlst du jetzt?« – »Ich bin nicht mehr ganz da, habe aber noch Angst.« – »Hast du Schmerzen?« – »Ich bin nur müde.«

Nun gehen wir zu dem Moment, in dem er den Körper gerade verlassen hat. »Wie fühlst du dich jetzt?« – »Ich fühle mich wohl und wieder frei!« – »Wie geht es der Frau?« – »Sie weint.« – »Was empfindest du, wenn du das siehst?« – »Ich bin ein bisschen traurig. Ich versuche ihr zu sagen, dass es mir gut geht, aber sie hört mich nicht. Ich streichle ihr über den Kopf, aber sie merkt es nicht.«

Dies ist ein kurzes und einfaches Beispiel von einem recht gewöhnlichen Tod aus Altersschwäche, wie er in einer Rückführung erlebt werden kann. Es kann natürlich auch ganz anders ablaufen:

»Ich bin auf dem Schlachtfeld und sitze auf dem Pferd mit einer Lanze in der Hand.« – »Wie fühlst du dich?« – »Angst und Wut! Ich steche gerade einen Gegner nieder.« – »Was empfindest du für ihn?« – »Er hat's verdient …« – »Wie geht es weiter?« – »Aaooh! Jemand sticht mir in den Bauch!« – »Wie kam das?« – »Da war einer auf der anderen Seite, den ich nicht gesehen hatte!« – »Was geschieht mir dir?« – »Ich falle vom Pferd und bleibe auf dem Boden liegen.« – »Wie geht es dir dort?« – »Schmerzen! Das Blut läuft in Strömen aus mir heraus. Ich habe Angst und hasse den Kerl, der mich erstochen hat!« – »Wie geht es weiter?« – »Man reitet über mich hinweg. Ein Pferd trampelt über meinen Körper. Nun wird es schwarz.« Die Seele verlässt den Körper. »Wie geht es dir?« – »Jetzt geht es mir wieder gut!« Da ist keine Angst mehr, keine Schmerzen und auch keine Wut. Nun bedauert er, dass er Menschen getötet hat und erkennt, dass der Soldat, der ihn umgebracht hat, selbst Angst und Wut hat. Er hasst ihn nicht mehr, sondern hat eher Mitgefühl mit ihm. Er hat ja, wie er selbst, nur getan, was man ihm befohlen hatte. »Der Krieg ist so sinnlos … so ein Wahnsinn! So viel Blut, so viel Leid, und das alles umsonst!« Im Krieg sind *alle* Verlierer. Die einen verlieren das körperliche Leben, die anderen Würde und Anstand …

Die Silberschnur

Es kommt vor, dass man sich nach dem Sterben nicht sofort vom Körper löst. Meistens wird in diesem Fall berichtet, dass nach dem Verlassen des Körpers immer noch Körperempfindungen vorhanden sind. Vielleicht fühlt man auch noch den Schmerz einer körperlichen Verletzung. Dann besteht noch eine Verbindung zwischen Seele und Körper, die so genannte »Silberschnur«, die übrigens auch in der Bibel erwähnt wird (Pred. 12,6).

In der Rückführung frage ich in einem solchen Fall: »Schau, ob noch irgendeine Verbindung zwischen dir und dem Körper da ist.« – »Ja.« – »Wie sieht sie aus?« – »Wie eine silberglänzende Schnur.« – »Sag mir Bescheid, wenn die Schnur gerissen ist.« Das kommt meistens bald, nach einigen Minuten. Selten kann es ein paar Stunden dauern und in äußerst seltenen Fällen sogar ein paar Tage.

In manchen Fällen reißt die Schnur gar nicht, sondern zieht die Seele wieder in den Körper hinein. Dann war es noch nicht der endgültige Tod, sondern ein Zustand, den man heute als »klinisch tot« bezeichnet. Die Seele kommt dann vielleicht Minuten später endgültig heraus, es kann aber auch erst Stunden später geschehen. In manchen Fällen lebt die Person sogar noch viele Jahre weiter, und was zuvor geschah, war eben noch nicht ihr Tod. Ich hatte ein paar wenige Rückführungsfälle, in denen der Körper schon aufgebahrt war, im verschlossenen Sarg lag oder bereits auf der Verbrennungsstätte, als die Seele zurückkam.

Körpergedächtnis versus Seelengedächtnis

Es wird manchmal berichtet, dass beim Sterben eine Art »Lebensfilm« ablaufe, in dem man sein ganzes Leben rasch vorüberziehen sehe. Darüber wird fast nie in Rückführungen berichtet. Ich halte es für gut möglich, dass es so etwas gibt, aber da das Rückführungserlebnis aus der Seelenerinnerung emporsteigt, läuft das Ganze hier wohl etwas anders ab.

Was aber ganz offensichtlich geschehen muss, ist, dass das im Gehirn, also im Körper, gespeicherte Gedächtnis des bewussten Ichs auf ein immaterielles Seelengedächtnis übertragen wird. Um in einem modernen Gleichnis zu sprechen: Wenn wir den Computer herunterfahren, wird der Inhalt des RAM-Speichers auf die Festplatte übertragen. Sonst gehen diese Daten verloren. Das Gehirn können wir mit dem RAM-Speicher vergleichen und das Seelengedächtnis mit der Festplatte. Auch die Größenverhältnisse lassen sich dadurch illustrieren. So wie ein moderner Computer ein RAM von vielleicht 512 MB hat, aber eine Festplatte von 100 GB Kapazität – also 200 Mal so viel – hat offensichtlich das immaterielle Seelengedächtnis eine enorm viel größere Kapazität als das Gehirn, denn es muss ja die Erfahrung vieler Leben speichern. Die Schulphysik hat mit solchen Behauptungen natürlich große Schwierigkeiten, aber eine Antwort dürfte in der Dimensionsbetrachtung am Ende von Kapitel 1 liegen.

Wenn nun der Körper »heruntergefahren« wird, muss also das körperliche auf das Seelengedächtnis übertragen werden, damit es nicht verloren geht. Ein kurzer, aber sehr schneller Datenstrom fließt da hinüber. Wenn man das mitbekommt, dürfte es wie der anfangs erwähnte »Lebensfilm« erscheinen. In der Rückführung greifen wir aber auf das Seelengedächtnis zu, also auf die bereits übertragenen Daten. So wird man sich kaum an einen »Lebensfilm« erinnern.

Eintritt in die Lichtwelt

Auch wenn ein Mensch umgebracht oder sogar hingerichtet wird und vor dem Tod schreckliche Gefühle durchmacht, empfindet er nachher meist schnell eher friedliche und schöne Gefühle von Freiheit und Leichtigkeit. Angst und Schmerzen sind vorbei. Meistens wird auch der Zorn auf seine Mörder mit dem Körper zurückgelassen, obwohl es manchmal vorkommt, dass Hass- und Zorngefühle auch im Seelenzustand länger anhalten.

Doch wie geht es nun weiter? Die Seele bleibt zunächst eine Weile an dem Ort, an dem sie gelebt hat. Vielleicht nur ein paar Minuten oder Stunden, manchmal Tage oder Wochen, selten Monate und sehr selten Jahre. Im letzteren Fall verursacht sie dort unter Umständen Spukphänomene. Es kommt vor, dass sich die Seele nur ungern und zögerlich von ihrem einstigen Besitz löst, aber meistens bedeutet er ihr nichts mehr. Ich kenne Fälle, in welchen die Seele sehr lange blieb und sich darüber ärgerte, was man mit ihrem Besitz tat. Eigentlich war er nur ein Besitz des Körpers gewesen, denn die Seele kann nicht wirklich Besitztümer haben – jedenfalls keine materiellen. Sie hat ohnehin keinen Zugriff mehr darauf und kann auch nichts mehr damit anfangen, sondern einzig und allein beobachten.

Nach einer Weile – eben Minuten bis Stunden, manchmal Tage, selten länger – geht die Seele in den meisten Fällen in die Lichtwelt ein. Es kommt vor, dass ein Lichtwesen oder auch ein schon früher verstorbener Angehöriger sie dorthin begleitet, aber meistens geht sie eher aus eigenem Antrieb dorthin. Die Lichtwelt zieht sie an. Manchmal wird ein Tunnel beschrieben, durch den man dorthin geht.

In ungewöhnlicheren Fällen bleibt die Seele in einem Zwischenbereich, bis sie entweder aus diesem Zustand heraus inkarniert oder zu einem späteren Zeitpunkt in die Lichtwelt geht. Oder sie »streunt« auf der materiellen Ebene umher, bis sie die Chance ergreift, in einen neuen Mutterleib hineinzuschlüpfen.

Ein Mann starb voller Hass auf seine Mörder. Der Hass blieb auch im Nachtodzustand und hielt ihn lange Zeit in einem Zwischenbereich der Dunkelheit, bevor er weitergehen konnte. Eine andere Person hatte erst einen kurzen Aufenthalt in einer Zwischenwelt, wo Seelen wie Schlafwandler herumgingen und einander fast nicht wahrnahmen. Sie erkannte diese als verirrte Seelen. Danach fand sie aber den Weg ins Licht.

Manche Seelen wissen erst einmal nicht, dass sie »tot« sind. Wurde zum Beispiel der Körper durch eine plötzliche Explosion vollständig vernichtet, sodass nichts mehr von ihm zu sehen ist, kann es lange dauern, bis die hinausgeschleuderte Seele versteht, dass sie gar keinen physischen Körper mehr hat. Sie begreift dann erst nicht, warum die Menschen sie nicht sehen und hören.

Es kommt manchmal auch vor, dass jemand, der sich im Leben mit sehr negativen oder dunklen Dingen beschäftigt hat, vielleicht mit schwarzer Magie, nach dem Tode von dämonischen Wesen belästigt wird, welche versuchen, die Seele von der Lichtwelt fernzuhalten.

All dies sind Möglichkeiten, wie sich die Seele nach dem Tod verirren kann. Jedoch findet jede von ihnen früher oder später ins Licht zurück (in seltenen Fällen erst nach einer neuen Inkarnation). Denn dies ist ihr natürlicher Gang.

Selbstmord – erfolglose Flucht

Eine Frage, die öfter gestellt wird, ist die, was wohl ein Selbstmörder nach dem Tod erlebt. Es wird manchmal behauptet, dass er die Zeit, die er sonst noch weitergelebt hätte, als Seele auf der Erde verbringen müsse, bevor er weitergehen darf. Dafür habe ich in Rückführungen keine Bestätigung gefunden. Er erlebt aber nach dem Tod eine große Enttäuschung, denn er muss feststellen, dass die beabsichtigte Flucht vor seinen Problemen nicht gelungen ist. Er wird nämlich in einem neuen Leben dort weitermachen müssen, wo er dieses Mal abgebrochen hat. Er hat also nichts gewonnen – nur Zeit verloren. Für jedes Problem gibt es eine Lösung, auch das, vor dem er zu flüchten suchte. Er hat die Lösung nicht gesehen, nicht sehen oder so nicht haben wollen.

Nach einem Selbstmord geht es ansonsten im Prinzip so weiter wie nach einem »gewöhnlichen« Tod. Bis man in einem neuen Leben wieder vor dem gleichen Problem steht. Allerdings entstehen neue Schuldgefühle – in Bezug auf den Selbstmord und wegen des Leids, das man seiner Familie und seinen Freunden verursacht hat.

Es dürfte nur einen Fall geben, in dem der Selbstmord sozusagen »zulässig« ist: wenn man an einer schlimmen unheilbaren Krankheit leidet. Wer zum Beispiel Knochenkrebs im Endstadium hat, was äußerst schmerzvoll ist, und keine Heilungschancen mehr, wird sein Leid ohne weitere Folgen abkürzen dürfen. Deshalb bin ich auch für die Euthanasie, sofern sie auf ausdrücklichen Wunsch des Patienten geschieht. Auch sollte man lebensverlängernde Maßnahmen unterlassen, wenn der Körper im Koma liegt und es keine realistische Hoffnung gibt, noch einmal daraus zu erwachen – oder wenn danach kein sinnvolles Leben mehr möglich sein wird, weil dieser Mensch vielleicht nur noch dahinvegetiert. Sonst hält man die Seele nur fest, statt dass man sie gehen lässt – und sie wird darunter leiden.

Für Menschen, die sich umbringen, weil sie im Anfangsstadium der Alzheimer-Krankheit sind – bei der auch keine Hoffnung auf Heilung besteht – habe ich ebenfalls großes Verständnis und denke, dass dies kaum wesentliche karmische Folgen haben wird.

Was ist die Lichtwelt?

Nach den Lehren der urchristlichen Gnostiker und einigen nichtchristlichen Religionen existieren wir schon seit Anbeginn der Schöpfung – das Dogma der Kirche ist da anderer Meinung, die Bibel jedoch nicht. Und zwar existierten wir in der göttlichen Lichtwelt. Aus Gründen, die in Kapitel 4 angedeutet wurden, haben einige von uns diese Lichtwelt verlassen. Origenes schrieb, dass wir der Liebe und Harmonie in der Lichtwelt mit der Zeit überdrüssig wurden und etwas Neues erleben wollten. Deshalb musste Gott – in der Darstellung von Origenes und anderer christlicher Gnostiker – die materiellen Welten als Aufenthaltsorte für die »gefallenen Engel« erschaffen. Zudem entstand mit diesen Welten, sowie zwischen ihnen und der göttlichen Welt, eine Hierarchie verschiedener Engelebenen. Die zweitunterste Ebene ist die Ebene der Menschen. Diejenigen Lichtwesen, die auf jene Ebene hinabsanken, wurden nach Origenes zu »Seelen, die zur Strafe in Menschenkörper versetzt wurden wie in Gefängnisse«. Darunter befindet sich eine allerunterste Ebene: die der Dämonen und Widersacher.

Was geschieht nun, wenn ein Mensch stirbt? Hat er in der Verkörperung Gutes getan und Erkenntnis erlangt, darf er nach Origenes eine Stufe höher steigen in die unterste Engelhierarchie, wo er keinen physischen Körper mehr hat. Hat er übel gehandelt, kann er zur untersten Ebene hinabsteigen, um nach seiner Umkehr von dort wieder ins Menschenleben entlassen zu werden. In den heute noch vorhandenen Versionen der Origenes-Texte steht aber nicht, was mit der großen Mehrzahl der Menschen geschieht, die sich sozusagen in einem »Mittelfeld« aufhalten, also weder höher steigen noch tiefer sinken. Die Texte sind aber erwiesenermaßen von der Kirche zensiert worden und an dieser Stelle hat man eine größere Abhandlung über die Seele entfernt, die uns somit leider verloren gegangen ist. Darin hat Origenes mit Sicherheit die Antwort gegeben. Das Einzige, was in dieses Schema logisch passt, ist: Sie werden erneut als Menschen geboren.

Wir stammen also aus der Lichtwelt und werden in der Auferstehung – die das Ende einer Reihe von Reinkarnationen markiert – als Seelen, die keinen physischen Körper mehr brauchen, wieder dorthin zurückkehren, um darin zu bleiben. Die Lichtwelt, welche die Seele zwischen den Inkarnationen besucht, dürfte ein Randbereich jener göttlichen Lichtwelt sein, denn es ist für uns noch nicht Zeit, darin zu bleiben. Wir müssen in eine neue Verkörperung zurück, bis wir die Reinkarnationsschule erfolgreich absolviert haben.

In dieser Lichtwelt ist es wunderschön. Es erwartet uns dort kein Gericht, aber wir werden – dazu aufgefordert oder aus uns selbst heraus – auf das Erdenleben zurückblicken, das wir gerade hinter uns gelassen haben. Und dieser Rückblick wird für manche von uns ziemlich unangenehm ausfallen. In diesem Fall wählen wir, wie in Kapitel 3 beschrieben, eine entsprechende Lektion in einem neuen Leben auf uns zu nehmen. Niemand »verdonnert« uns dazu. In dem erweiterten Bewusstsein, das wir dort haben, wählen wir selbst. Wir sehen ein, dass wir diese Erfahrung brauchen.

Die nächste Geburt

In der Lichtwelt begegnen wir vielen Seelen wieder – sofern sie nicht wieder inkarniert sind – die wir in der Verkörperung kannten. Wie erholen uns dort und werden in manchen Fällen auch auf die nächste Inkarnation vorbereitet. Irgendwann geht der Aufenthalt dort zu Ende. Manche erleben eine Begegnung mit einem Lichtwesen, das ihnen sagt: »Nun ist es Zeit, wiedergeboren zu werden.« Vielleicht haben wir noch ein paar Möglichkeiten zur Auswahl, wir können hierhin gehen oder dorthin ... Manchmal aber steht schon fest, wohin wir gehen sollen. Wir verlassen also die Lichtwelt wieder. Dies kann auch wie von selbst geschehen. Es zieht uns dann einfach aus der Lichtwelt weg. Manche beschreiben, wie sie in einen Lichtstrudel eingesogen wurden und von dort wegrutschten. Im nächsten Augenblick sind sie schon bei ihrer neuen Mutter.

Es scheint, dass die meisten Seelen im Moment der Befruchtung zur Mutter kommen. Am Anfang ist man mehr in ihrer Aura als in ihrem Bauch. Man ist aber durch die erwähnte Silberschnur bereits mit dem heranwachsenden Fötus verbunden. Dann empfindet man sich immer mehr im Inneren des Bauches, kann aber heraus und wieder hinein gehen. Schließlich kommt es zur Geburt.

Den Seeleneintritt des Kindes miterleben

Der holländische Arzt Hugo S. Verbrugh hat Berichte von Menschen gesammelt, die den Seeleneintritt ihres Kindes miterlebten. Zum Beispiel: »Ich kann mich noch deutlich erinnern, wie ich mein Kind im Moment der Konzeption sah, besser gesagt, im Moment des sexuellen Erlebens ... Ich wusste in dem Moment mit absoluter Sicherheit, dass es geschieht: Ich sah das Gesicht und die Gestalt eines kleinen Kindes klar und deutlich vor mir – eigentlich über mir; ich wusste, dass es ein Junge war.« Viele Frauen, aber auch Männer, berichten von solchen Erlebnissen.

7 *Die Zeit im Mutterleib*

Wie wir in Kapitel 2 gesehen haben, gelangen wir in der Rückführung nicht nur in vergangene Leben, sondern auch in frühe Kindheitserfahrungen dieses Lebens bis hin zu der Zeit im Mutterleib. Da dies eine sehr prägende Zeit ist, soll ihr hier ein eigenes Kapitel gewidmet werden.

Eine gewöhnliche Auffassung war es lange Zeit, dass das Kind im Mutterleib nichts davon mitbekäme, was um es herum geschieht. Doch sogar die Schulmedizin hat in den letzten Jahren begonnen, ihre Meinung zu revidieren und von der fälschlichen Annahme abzukommen, dass der Fötus keine Erfahrungen machen könne, dass er keine Gefühle haben und keine Erinnerungen speichern könne, weil er noch kein entwickeltes Gehirn und Nervensystem habe. Die moderne Psychologie hat hier wichtige Aufklärungsarbeit geleistet, und auch aus der Rückführungspraxis wissen wir ja, dass obige Annahmen weit verfehlt sind.

Wir haben es ja nicht nur mit einem Fötus zu tun, sondern auch mit einer Seele, die sich mit dem Fötus verbunden hat. Diese kann sogar eine Seele sein, die älter und erfahrenen ist als die der Mutter oder des Vaters. Und diese Seele bekommt *alles* mit, was um das entstehende Kind herum passiert. Sie ist telepathisch mit der Mutter verbunden; so »hört« sie ihre heimlichsten Gedanken und spürt ihre verborgensten Gefühle. All diese Eindrücke und Erfahrungen bleiben dem Kind – und später der erwachsenen Person – nach der Geburt als unbewusste Erinnerung erhalten.

Traumata im Mutterleib

Wenn wir in einer Rückführung in die Zeit im Mutterleib gelangen, wollen wir als Erstes wissen, wie sich die Mutter als Schwangere fühlt und was sie für das Kind empfindet. Oft kommen wir aber zu so einem frühen Zeitpunkt hinein, dass die Mutter noch gar nicht weiß, dass sie schwanger ist. In dem Fall gehen wir zu dem Moment, in dem sie es entdeckt. Wie reagiert sie? »Sie ist glücklich!« – »Wie geht es dir damit?« – »Ganz gut! Ich bin auch glücklich!« Dann gehen wir zu dem Moment, in dem die Mutter den Vater darüber aufklärt. »Er ist stolz!« – »Was fühlst du?« – »Es geht mir noch besser!« Dieser Start ins neue Leben ist ein Segen für das Kind – und natürlich der Idealfall.

Leider kommt es oft ganz anders. »Meine Mutter ist wütend! Sie flucht!« – »Was fühlst du?« – »Ich habe Angst vor ihr. Ich will hier gar nicht sein.« Oder sie ist verzweifelt oder voller Angst – und das Kind hat automatisch entsprechende Gefühle. Wenn der Vater von dem Kind erfährt, reagiert er oft ebenfalls negativ und macht der Mutter vielleicht sogar Vorwürfe, dass sie schwanger ist – als ob es ihre Schuld wäre! Da geht es dem Kind noch schlechter, oder es bekommt vielleicht einen Zorn auf die Eltern oder empfindet eine starke Enttäuschung.

In der Rückführungssitzung müssen all diese Gefühle unbedingt aufgelöst werden: Nicht gewollt zu sein und zurückgewiesen zu werden, das bedeutet schmerzliche Seelenverletzungen für das Kind – das erste Trauma im neuen Leben.

Nicht selten werden während der Zeit im Mutterleib weitere schmerzliche Erfahrungen gemacht. Das Schlimmste, was ein Kind durchmachen kann, ist wenn die Mutter – erfolglos – versucht, es loszuwerden. Das ist sogar noch schmerzlicher, als wenn die Abtreibung gelingt, denn im letzteren Fall erlebt die Seele des Kindes zwar Angst, Schmerz und Wut, aber nachher eher eine Erlösung (das wissen wir von Abtreibungserlebnissen her, die einige Klienten vor dem heutigen Leben hatten). Sie muss ja dann nicht bei einer

Mutter bleiben, die sie gar nicht haben will. Manchmal will es aber die Seele, zum Beispiel aus karmischen Gründen, und kommt wieder zur selben Mutter, wenn diese das nächste Mal schwanger wird.

Einmal kam eine Frau zu mir und sagte: »Ich hasse meine Mutter! Aber ich weiß nicht warum, und ich will es auch eigentlich gar nicht.« Sie erlebte in der Rückführung, wie ihre Mutter zu einer Engelmacherin ging, die Abtreibung aber misslang. Dadurch war der Hass entstanden. Andere haben erlebt, wie die Mutter versuchte, das Kind mit heißen Bädern abzutreiben, indem sie Gegenstände oder eine Flüssigkeit in die Scheide einführte oder von einer hohen Mauer sprang. In anderen Fällen nahm die Mutter Tabletten oder bestimmte Kräuter ein. Neben Angst und Schmerz erlebte die Seele des Kindes auch Wut, Trauer oder Enttäuschung. Es ist wohl nicht erstaunlich, dass hier die Beziehung zwischen Mutter und Kind auch nach der Geburt und im erwachsenen Alter von dieser Erfahrung belastet wird.

Der Einfluss des Vaters

Natürlich ist auch das Verhalten des Vaters wichtig, wenngleich das Kind ja unvermeidlich neun Monate lang Tag und Nacht mit der Mutter verbunden ist. Es erlebt den Vater nur, wenn er bei der Mutter ist. Ein liebevoller Vater, der für seine schwangere Frau sorgt und sich auf das Kind freut, ist in jedem Fall ein Segen für das Kind. Lehnt er das Kind jedoch ab, streitet mit seiner Frau oder tut ihr vielleicht sogar körperliche Gewalt an, gibt es Auseinandersetzungen um die Schwangerschaft oder leugnet er die Vaterschaft, so wirkt sich das natürlich negativ auf die Beziehung zwischen Vater und Kind aus. Vielleicht verlässt der Vater sogar die Mutter. In meiner Praxis erlebte ich einen Fall, in welchem der Vater seine Vaterschaft bestritt, weil die Mutter zu jener Zeit auch mit einem anderen Mann im Bett war. In der Rückführung zeigte sich aber, dass er tatsächlich der Vater war. In einigen anderen Fällen kam – meistens für die Person unerwartet – ans Licht, dass der Vater doch ein anderer war als gedacht. Die Mutter hatte den Mann angelogen, oder sie war sich selbst nicht sicher, wer von beiden es denn nun war.

Solche Rückführungserlebnisse können nicht rechtswirksam eine DNA-Analyse ersetzen; hier geht es vielmehr darum, entsprechende negative Gefühle aufzulösen, der Mutter oder dem Vater zu verzeihen und für letzteren auch Dankbarkeit zu empfinden, wenn er trotz der ihm häufig unbekannten Umstände ein guter und liebevoller Vater war.

Dazu noch eine berührende Geschichte aus der Praxis, die eine derart hohe geistige Reife eines Vaters illustriert, wie sie wohl nicht allzu viele Männer haben dürften. An einem meiner Kurse nahm ein Mann teil, der sich als fünfjähriger Bub in der heutigen Kindheit wieder erlebte. Der Ehemann der Mutter war nach dem Krieg viele Jahre lang in russischer Gefangenschaft, und in dieser Zeit wurde die Mutter von einem anderen Mann mit jenem Jungen schwanger. Nun erreichte die Familie die Botschaft, dass der Ehemann nach Hause käme. Sie warteten auf der Treppe vor dem Haus – der Junge, seine älteren Stiefgeschwister und die Mutter, sichtlich nervös. Da kam der Mann, schaute den Jungen an und wusste sofort Bescheid. Er nahm ihn auf den Arm und sagte: »Du gehörst auch zu uns.« Dieser Mann war immer ein Supervater auch für diesen Jungen gewesen.

Die Geburt und die ersten Lebensmomente

Schließlich kommt es zur Geburt. Das Kind hat oft Angst davor. Fühlte es sich im Mutterleib geborgen und aufgehoben, möchte es am liebsten da drin bleiben. War die Zeit allerdings geprägt von Ablehnung, Streit der Eltern oder gar Abtreibungsversuchen, so möchte das Kind erst recht nicht geboren werden, sondern die Seele würde am liebsten einfach wieder verschwinden, das heißt den Körper des Kindes verlassen, wodurch er sterben würde. Aus der Praxis kenne ich Fälle, in welchen der Klient, während er die Zeit im Mutterleib wieder erlebte, sagte: »Ich versuche von hier wegzugehen. Ich möchte, dass der Fötus stirbt, sodass ich wieder gehen kann.« Es klappte nicht, sonst wäre der Klient heute nicht bei mir …

Aber manchmal mag es tatsächlich gelingen, sodass sich einige Fehl- und Totgeburten oder auch rätselhafte Fälle von »plötzlichem Kindstod« bei Neugeborenen auf diese Weise erklären ließen. Ich hatte auch Fälle, in denen die Person nach der Geburt sagte: »Was soll ich denn hier? Ich möchte wieder zurück!« – nämlich in die Lichtwelt. Auch das könnte manches Mal tatsächlich gelingen.

Schon bei der Geburt kann es Komplikationen geben. Auch hier ist die Ursache häufig, dass entweder das Kind nicht heraus möchte und sich gegen die Geburt sträubt, oder dass die Mutter unbewusst ein unerwünschtes Kind nicht herauslassen will. Möglicherweise hofft sie in seltenen Fällen – auch eher unbewusst – sogar, dass das Kind durch Geburtskomplikationen sterben könnte.

Aus Rückführungserlebnissen geht übrigens hervor, dass die Geburt für das Kind besonders schlimm ist, wenn sie mit Hilfe einer Zange oder einer Saugglocke geschieht. Ein Kaiserschnitt hingegen kann für das Kind vergleichsweise angenehm sein.

Schließlich kommt das Kind – normalerweise – in die Arme der Mutter. Was fühlt die Mutter nun für das Kind? Und was fühlt es selbst? Auch wenn die erste Reaktion der Mutter auf die Schwangerschaft ablehnend war, oft ist sie in diesem Moment versöhnt und nimmt das Kind liebevoll in die Arme. Dann ist vieles wieder gut, wenn auch nicht alles. Die Erinnerung daran, zunächst zurückgewiesen worden zu sein, ist in der Seele des Kindes noch vorhanden. Sie kann deshalb den nun positiven Gefühlen der Mutter durchaus misstrauisch gegenüberstehen und sie nicht ohne weiteres annehmen.

Nach der Geburt kommt in der Regel auch der Vater dazu, um das Kind zu sehen. Was fühlt er? Was fühlt das Kind? Berührt er das Kind? Wie fühlt sich das an?

Leider kommt hier immer wieder eine mittelalterliche Auffassung zum Vorschein, die bis heute nicht ausgestorben ist: »Nur ein

Mädchen!« Enttäuschung beim Vater, bei der Mutter oder gar bei beiden ... und demgegenüber die große und seelenverletzende Enttäuschung beim Mädchen. Kaum zu glauben und dennoch in Rückführungen bestätigt, dass manche Eltern noch in der heutigen Zeit so altmodisch reagieren. Die Seele des Mädchens wusste natürlich schon im Mutterleib von dieser Erwartung und hatte deshalb erst recht Angst vor der Geburt. Nun ist die Tatsache offenbar und das Kind hat einen weiteren Seelenschaden davongetragen ...

Was hierbei am meisten erstaunt, ist, dass sich manche Mütter tatsächlich ebenso verhalten, obwohl sie sich damit gleichzeitig gegen sich selbst richten. Sie tun dies entweder dem Vater zuliebe oder weil sie meinen, dass Jungen es im Leben leichter hätten. Es mag in Kindheit und Jugend der Mutter genauso gewesen sein. Wenn es heutzutage – jedenfalls in der westlichen Welt – noch so ist, dann eher aufgrund einer rückständigen Anschauung in der eigenen Familie. Die Gesellschaft als Ganzes hat solche Ansichten ja glücklicherweise größtenteils hinter sich gelassen.

In traurigen Fällen nimmt die Mutter gefühllos oder gar eiskalt das Kind widerwillig in die Arme. Das ist ein neues schmerzliches Erlebnis für das Kind. Es kommt sogar vor, dass sie es einfach wegschiebt. »Nehmen Sie das Kind weg. Es wird adoptiert!« Ein schweres Trauma für das Kind. Andererseits geschieht es, dass die Mutter das Kind nicht gleich in die Arme nehmen *kann.* Sie ist zu erschöpft oder es gibt Komplikationen. Vielleicht sammeln sich Arzt und Schwester erst um die Mutter, um ihr Leben zu retten, während das Kind irgendwo abgelegt wird und dies nicht versteht. Das kann zu einem irrtümlichen Gefühl von Zurückweisung führen. Ähnlich verhält es sich, wenn es zuerst in den Brutkasten muss und nicht zur Mutter darf. In der Rückführung wird klar, dass dies unter den aktuellen Umständen notwendig war und keine Zurückweisung bedeutete.

Ganz schmerzhaft ist es für das Kind, wenn die Mutter bei der Geburt stirbt. Seine Seele bekommt dies ja mit und empfindet einen tiefen Verlust. Der Vater muss einspringen und es kommt vor, dass er dem Kind unbewusst die Schuld für den Tod der Mutter gibt, selten einmal sogar bewusst: »Du bist schuld, dass ich keine Frau mehr habe. Du hast meine Frau umgebracht!« Dies ist natürlich ein schwer wiegender und äußerst verletzender Irrtum.

Versöhnung mit den Eltern

Was auch immer im Mutterleib und nach der Geburt an schmerzlichen Erfahrungen gemacht wurde – in der Rückführung werden die entsprechenden Gefühle aufgelöst. Die endgültige Befreiung besteht dann auch hier in der Versöhnung. War es zum Beispiel die Mutter, welche auf die Schwangerschaft negativ reagiert hat, so ist es hilfreich, die Ursache dafür zu erkennen. Vielleicht hatte sie große Angst vor den Folgen, da sie noch jung und unverheiratet war. Sie mag noch gar nicht bereit gewesen sein für eine Heirat oder meinte, einen Mann heiraten zu müssen, den sie nicht wirklich liebte. In einem Fall aus meiner Praxis hat der Vater der Mutter, also der Großvater des Kindes, unfassbar unchristlich gehandelt, obwohl (oder gerade weil?) er strenger Katholik war: Er warf die Tochter hinaus: »Du bist nicht mehr meine Tochter. Ich will keine Hure in meinem Haus haben!« Da kann man die große Angst und Verzweiflung der Mutter gut verstehen, als sie merkte, dass sie schwanger war, und ahnte, wie der Vater reagieren würde. In einem solchen Fall kann man in der Rückführung der Mutter ihre ablehnenden Gefühle leicht verzeihen. Es kommt allerdings vor, dass die Mutter nur aus Egoismus negativ reagierte, weil sie zum Beispiel meinte, das Kind stehe ihrer Karriere im Wege. In einem solchen Fall fällt natürlich das Verzeihen schwerer.

Natürlich darf aber auch bei all diesen Fällen der karmische Aspekt nicht außer Acht gelassen werden. Es ist kein Zufall, dass die Seele diese Erfahrung machte. Sie wird höchstwahrscheinlich selbst ein Kind in ähnlicher Weise empfangen haben, und musste nun als Seele lernen, wie weh das tut. Der Helfer wird die Person in der Rückführung darüber aufklären. Hat man diesen Zusammenhang erkannt, kann man viel leichter verzeihen, denn es wird einem bewusst, dass man diese Lektion im Seelenzustand gewählt hat. Ein Weg, die Liebe zu lernen, ist der, dass man sie zunächst entbehrt, um zu erfahren, wie wichtig sie ist.

Schuldgefühle aus der Kindheit verabschieden

Wenn eine Kinderseele sich während der Schwangerschaft als unerwünscht erlebt, macht sie sich nicht selten Schuldgefühle dafür, dass sie da ist und ihren Eltern Umstände macht. Es liegt auf der Hand, dass solche Schuldgefühle unangebracht – obgleich leider üblich – sind und aufgelöst werden müssen. Das Kind *kann* hier gar keine Schuld tragen. Wird eine Frau schwanger, so *muss* ja eine Seele zu ihr kommen. Wäre es nicht diese Seele, so wäre es eine andere gewesen. Wenn überhaupt jemand schuld ist, dann sicher die Eltern, wenn sie leichtsinnig ungeschützten Geschlechtsverkehr hatten – oder weil sie durch ihre Selbstsucht unfähig waren, ein Kind verantwortungs- und liebevoll anzunehmen.

8 *Die Liebe als Seelensegen in der Kindheit*

Was unsere Seele von früheren Leben her mitbringt, prägt stark unser Leben. Das Gleiche gilt für die Zeit im Mutterleib und noch mehr für unsere Kindheit. Deshalb ist es so ungeheuer wichtig, wie wir mit unseren Kindern umgehen – nicht nur, wie wir sie in der Schwangerschaft und nach der Geburt empfangen, sondern auch wie wir später mit ihnen zusammenleben.

Wie bereits erwähnt, führen viele therapeutische Rückführungen auch in Kindheitserlebnisse hinein, manche sogar nur in solche. Viele mehr oder weniger traumatische Erfahrungen oder das Leben prägende Umstände treten hier zu Tage. Wir gehen damit in der Rückführungssitzung genauso um und können ebenso viel daraus lernen wie aus Situationen in früheren Leben.

Eine Kindheit voller Liebe ist das größte Geschenk für das neue Leben. Wie bereits erwähnt, müssen viele lernen, was Liebe ist, indem sie sie entbehren. Viele dürfen sie aber glücklicherweise auch direkt erfahren, indem sie in einem geborgenen liebevollen Zuhause aufwachsen. Die eine Seele braucht es in dieser, die andere in anderer Weise – das hängt von der seelischen Entwicklung ab. Sie erlebt die Liebe entweder, wie sie sie ihren Kindern früher einmal selbst entgegengebracht hat, oder sie bekommt ein wunderschönes Beispiel geschenkt. Im letzteren Fall kann es selten einmal vorkommen, dass das Kind verwöhnt wird und als erwachsene Person erwartet, dass ihr auch weiterhin alles auf dem silbernen Tablett serviert wird, dass die Liebe ihr also zustehe, ohne dass sie selbst dafür etwas tun müsse. An dieser inneren Anspruchshaltung wird sie aber mit größter Wahrscheinlichkeit scheitern.

Seelische Unterernährung

Es ist erschreckend, wie viele Menschen eine verhältnismäßig lieblose Kindheit hatten. In meiner Rückführungspraxis begegne ich solchen Fällen häufig. Wie in Kapitel 5 erwähnt, vererben viele Eltern die eigene Liebesunfähigkeit an ihre Kinder weiter. Sie glauben, es sei Liebe, das Kind materiell zu versorgen, aber das ist nur ein Teil der Elternschaft, nämlich für das körperliche Wohl zu sorgen, wozu ich im weitesten Sinne auch Erziehung und Ausbildung rechne. An das seelische Wohl denken die wenigsten Eltern, da sie sich nicht darauf verstehen. Zwar legt man in manchen Familien viel Wert auf Kunst und Kultur, auf eine musische Erziehung also, und das mag die Sache ein wenig verbessern. Es ist aber möglich, auch dies so zu vermitteln, dass die Liebe zu kurz kommt, indem man nämlich mehr Wert auf Fleiß und Perfektion legt, die man möglicherweise sogar mit Strenge erzwingen möchte, als auf einen liebevollen und spielerischen Umgang mit der Kunst. Der wahre Künstler wirkt aber aus dem Herzen.

Die Liebe ist das, woran die Seele am meisten wächst, sich entwickelt und ernährt. Allzu viele Kinder sind körperlich gut ernährt und seelisch unterernährt. Der britische Psychiatrieprofessor Michael Rutter schreibt: »Wo die Wärme in der Familie fehlt, entwickelt das Kind leichter ein abweichendes Verhalten, besonders der antisozialen Art.« Es ist sehr wichtig, dass die Beziehung zu einem Elternteil oder besser noch zu beiden weitgehend ununterbrochen ist: »Ein Hauptgrund, um die Kontinuität als wesentlich in der Mütterlichkeit zu betrachten, sind fundiert nachgewiesene Beziehungen zwischen einem ›zerbrochenen Zuhause‹ und Kriminalität …, sowie die eher kurzfristigen Störungen, welche oft auf die Trennung eines kleinen Kindes von den Eltern folgen.« »Liebe, die Entwicklung anhaltender Bindungen, eine stabile, aber nicht notwendigerweise ununterbrochene Beziehung und ein ›stimulierender‹ Austausch sind notwendige Qualitäten, aber es gibt noch viele andere.« So ist es auch notwendig, das

Kind loszulassen, um es seinen eigenen Weg gehen zu lassen, wenn die Zeit dafür kommt. Dies ist keine Frage des »Ob«, sondern des »Wie und Wann«.

Manipulative Spiele

Oft spielen Eltern mehr oder weniger unbewusste manipulative Spiele mit ihrem Kind. Ist es »brav« – wobei »brav sein« meist sehr subjektiv mit unselbstständigem Gehorchen zu tun hat –, wird es mit »Liebe« belohnt. (Ich setze das Wort in Anführungszeichen, weil wahre Liebe bedingungslos ist, es sich hier also nicht um echte Liebe handelt.) Ist es aber »böse« – handelt es also selbstständig nach dem eigenen Willen oder äußert eine eigene Meinung – wird es mit Liebesentzug bestraft. Oft werden dem Kind auch – mehr oder weniger bewusst – Schuldgefühle gemacht. Es soll sich schlecht und wertlos fühlen, wenn es nicht folgt; es soll etwas leisten, bevor es »Liebe« bekommt. Diese »Liebe« besteht dann leider häufig darin, dass das Kind Süßigkeiten bekommt oder die Erlaubnis, ein wenig länger draußen zu bleiben oder fernzusehen, aber kaum darin, dass es in den Arm genommen und gestreichelt wird und man ihm sagt, dass man es gern hat.

Die Folge ist allzu leicht eine gestörte Beziehungsfähigkeit. Es wird zum Beispiel in der Partnerschaft unbewusst erwartet, dass man nicht geliebt wird, wenn man dafür nichts leistet, und man misstraut dann Liebesäußerungen, da man sie ja nicht »verdient« hat. Man widmet sich eher der Arbeit, versorgt also die Familie materiell und »leistet« damit etwas, als echtes Zusammensein mit der Familie zu pflegen, das geistigen Austausch, Nähe und Zärtlichkeit bedeutet.

Wie wichtig Körperkontakt ist

Viele Eltern schrecken unbewusst vor dem Körperkontakt mit dem eigenen Kind zurück. Sie haben ja in ihrer Kindheit selbst keinen erlebt. Oft gibt es bewusste oder unbewusste Hemmungen, da man irrtümlich Körperkontakt mit Sexualität assoziiert. Es kommt jedoch natürlich vor, dass die Mutter ein leises sexuelles Gefühl hat, besonders wenn der Säugling an ihrer Brust liegt. Das ist doch eigentlich angenehm, sofern sie diese Empfindungen annehmen kann. Es geht hier ja in keiner Weise um Inzest. Es besteht also überhaupt kein Grund, dem Kind deshalb den Körperkontakt zu verweigern, denn das Kind kann ja nichts für die Empfindungen seiner Mutter.

Sollten bei der Mutter oder beim Vater im grundsätzlich asexuellen und ganz und gar unschuldigen Hautkontakt mit dem Kind erotische Gefühle auftauchen, so kann nur an alle Eltern appelliert werden, dies einfach zu genießen und als ganz natürlich zu akzeptieren. Wenn hier Zweifel oder Unsicherheit bestehen, so ist das vermutlich auf die »ererbten« Schwierigkeiten der eigenen Eltern zurückzuführen und bedarf der kritischen Betrachtung.

Auch hier kommt es, wenn das Kind erwachsen ist, leicht zu Beziehungsschwierigkeiten – besonders im sexuellen Bereich oder insgesamt wenn es um Körperkontakt geht: Berührungen, Umarmungen, Zärtlichkeit – was aber natürlich alles zu einer funktionierenden Partnerschaft gehört.

Überstarke Eltern-Kind-Bindungen

»Ich will ja nur dein Bestes« ist eine übliche Ausrede dafür, dem Kind nicht die Freiheit zu geben, sich nach der eigenen Natur zu entwickeln – auch wenn dies eine andere ist, als die Eltern sich das vorgestellt haben. Man will das Kind beispielsweise an sich binden, damit es sich um die Eltern kümmert, wenn sie einmal alt sind.

Diese kontraproduktive Manipulation wurde bereits in Kapitel 5 erwähnt.

Manche Eltern, besonders Mütter, verhalten sich unbewusst egoistisch. Die amerikanische Therapeutin Dr. Susan Forward beschreibt es in ihrem Buch über elterliche Macht und ihre Folgen treffend so: »Es tut mir so weh, wenn du dich von mir zurückziehst. Ich brauche dich, um gebraucht zu werden. Ich kann den Gedanken nicht aushalten, dass ich dich verlieren könnte. Du bist mein ganzes Leben. Ich habe eine fürchterliche Angst, dass du schreckliche Fehler machen könntest. Es würde mich zerreißen, dich leiden zu sehen. Ich würde lieber sterben als das Gefühl zu haben, als Mutter versagt zu haben.« Dies ist wahrhaftig ein Teufelskreis, denn gerade durch diese Affenliebe versagt sie als Mutter. Das Kind wird eingeengt, unter Druck gesetzt und darf sich nicht frei entfalten. Die Liebe des Kindes erstickt und verkommt in vielen Fällen zum freudlosen Pflichtgefühl. Im schlimmsten Fall wirkt dies fast wie eine Versklavung des Kindes. Ginge es nach der Mutter, so sollte es möglichst nicht selbstständig sein Leben leben, auf eine eigene Familie verzichten und so lange sie lebt, bei der unreifen Mutter bleiben … Das könnte man schon als Elternterror bezeichnen.

In einem Fall hatte ich eine Klientin, deren Mutter immer zu vereiteln wusste, dass die Tochter eine Beziehung zu einem Mann aufbaute. Sie wurde gerade dann »passenderweise« krank, wenn die Tochter verreisen wollte …

Wenn sie nur begriffen hätte, dass sie nicht die Tochter – sollte sie heiraten – verlieren würde, sondern einen Sohn dazubekommen, und dass beide sie gern immer wieder besuchen würden, wenn es nur freiwillig sein dürfte. Es liegt nahe, dass diese Tochter keine Liebe mehr für die Mutter empfand, sondern eher unterschwelligen Hass.

In der Rückführung haben wir den Helfer gebeten, die Mutter »geistig« vor die Tochter hinzustellen, um dann symbolisch alle Verbindungen zwischen den beiden zu trennen und dem Feuer zu übergeben. Danach nahm meine Klientin ein »inneres Zwiegespräch« auf, in dem sie der Mutter mit Hilfe des Helfers klar machte, wie sie mit ihrem Gebaren am Ende nur das Gegenteil dessen erreichen könne, was sie eigentlich wollte. Die Tochter sagte der Mutter in diesem inneren Gespräch, dass sie von nun ab ihr Recht auf ein eigenes Leben beanspruche und dass die Mutter das zu akzeptieren habe, was aber nicht bedeute, dass sie ihre Mutter nicht respektiere und liebe, und auch nicht, dass sie sie allein lasse. Sie lasse sich nicht mehr von der Mutter manipulieren, da sie ihre Tricks durchschaut habe, sondern der Kontakt mit der Mutter werde nun zu ihren eigenen Bedingungen neu gestaltet. Am Ende strebten wir auch hier an, dass meine Klientin der Mutter verzeihen konnte. So gehe ich, anknüpfend an eine Methode der kalifornischen Therapeutin Phyllis Krystal, immer wieder zusätzlich in der Rückführungssituation vor. Erfahrungsgemäß ist damit zu rechnen, dass die Seele der Mutter tatsächlich an diesem Geschehen beteiligt ist und entsprechend reagiert. Außerdem dürfte dadurch das Verhalten der Tochter der Mutter gegenüber unabhängiger werden, da sie es in diesem »inneren Zwiegespräch« affirmiert hat. Gleichzeitig wurden alle Schuldgefühle aufgelöst, welche die Mutter der Tochter eingetrichtert hatte.

Es kommt umgekehrt auch vor, dass ein Kind ein Elternteil an sich binden will, nicht selten durch eine Erkrankung. Ein Extremfall aus meiner Praxis ist ein Mann mit gespaltener Wirbelsäule (*spina bifida*), der sein erwachsenes Leben im Rollstuhl verbrachte. Seine Mutter musste alles für ihn tun. Sie hat ihn angezogen, zur Universität gebracht und wieder abgeholt, ihn katheterisiert, wenn er zur Toilette musste, und so fort. Durch diese Abhängigkeit band er die Mutter in hohem Maße an sich. Es stellte sich heraus, dass er in einem früheren Leben den schmerzlichen Verlust einer Person erlebte, die heute als seine Mutter wiedergeboren wurde. Er erlebte in der Rückführung auch, wie er im Mutterleib den Rücken an ihre Wirbelsäule stieß, um seine eigene aufzuschlagen. Als Kind konnte er noch gehen, hatte aber keine große Lust, die vom Arzt angeratenen Übungen zu machen. Mit der Zeit trat langsam eine

Lähmung etwa ab dem Zwerchfell nach unten ein, da es zu Schäden an den teilweise offen liegenden Rückenmarksnerven kam. Er wollte unbewusst ein Pflegefall werden, sodass die Mutter ihn niemals verlassen könnte.

In der Rückführung wurden, wie immer, zunächst entsprechende negative Gefühle aufgelöst. Mit Hilfe der inneren Helferin kam mein Klient dann zu der Einsicht, dass ihm ein großes Problem bevorsteht! Seine Mutter wird lange vor ihm sterben müssen. Was dann? Darauf müsse er sich doch vorbereiten ... Die Helferin machte ihm klar, dass er eine größere körperliche Beweglichkeit erlangen könne, um besser für sich selbst sorgen zu können, und zeigte ihm sogar auch wie: zum Beispiel indem er lernte, sich selbst anzuziehen oder durch bestimmte Übungen eine genügende Kontrolle über das Harnlassen (ohne Katheter) zu bekommen. Er entschied sich, auf dieses Ziel hinzuarbeiten, was in diesem Fall natürlich einen längeren Prozess bedeutete. Doch da dieser Klient hoch intelligent ist, darf ich hoffen, dass er konsequent bleibt ...

Eine andere Klientin mit multipler Sklerose zog unbewusst diesen Zustand an, damit sie immer jemand pflegen müsse, und zwar aus Angst, allein gelassen zu werden. Natürlich hatte sie in einem früheren Leben ein entsprechendes schmerzliches Erlebnis gehabt.

Liebesunfähigkeit und ihre Auswirkungen

In leichteren Fällen entdeckt das Kind, dass die Mutter sich nur dann Zeit nimmt, wenn es krank ist. So nutzt das Kind dies unbewusst aus und kränkelt immer wieder, sodass die Mutter sich ihm zuwenden muss. Das kann sich als Muster auch später in der Beziehung fortsetzen, wenn die Person erwachsen ist. Das »Gegenmittel« wäre natürlich gewesen, wenn sich die Mutter auch sonst für das Kind Zeit genommen hätte. Keine Mutter ist je derart ausgelastet, dass sie sich nicht ab und zu ein paar Minuten für das Kind nehmen kann. Wenn sie etwas anderes behauptet, ist es nur eine unbewusste Ausrede, da sie ohne Zweifel Probleme mit Liebe und Nähe hat und sich lieber in Arbeit flüchtet.

Es gibt Fälle, in welchen tatsächlich keine Liebe da ist. Die Eltern lieben das Kind nicht und lassen es immer wieder spüren, wie überflüssig und unerwünscht es sei. Es bedarf wohl keiner weiteren Erläuterung, dass dies der Kindesseele eine schwere Verletzung zufügt. Manchen Eltern ist auch dies egal – oder sie sind nicht fähig, es zu begreifen.

Unter solchen Umständen geht das Selbstvertrauen in der Kindheit leicht verloren. Doch auch kleinere Unachtsamkeiten der Eltern können negative Folgen haben. Ohne groß darüber nachzudenken, sagen wir als Eltern: »Lass das! Sonst machst du etwas kaputt!«, »Musst du denn alles falsch machen?«, »Du bist ja für nichts zu gebrauchen!«, »Ach, das kannst du doch gar nicht!«, »Aus dir wird nie etwas werden!« und viele anderer solcher Sätze mehr. Doch man sollte dem Kind einiges zutrauen, ihm Mut machen und es trösten, wenn etwas nicht gelingt, um ein gesundes Selbstvertrauen zu fördern.

Ein Kind vergisst nichts

Viele Eltern denken, wenn etwas Negatives geschehen ist, dass es das Kind schon vergessen werde und dann ist es ja gar nicht mehr schlimm. Wie wir auf den vorausgehenden Seiten gesehen haben, *vergessen wir gar nichts*! Es wird nur verdrängt und richtet nachher vielleicht nur noch mehr Schaden an.

Trotzdem denken viele auch beim schlimmen Vergehen des sexuellen Missbrauchs, dass das Kind das schon wieder vergesse. Weit gefehlt!

Sexueller Missbrauch kommt leider viel öfter vor, als man denkt – und nicht selten in den »besten Familien«. Es geschieht meistens Mädchen, aber auch Jungen werden manchmal missbraucht –, nicht nur homosexuell, sondern es kommt sogar vor, dass eine Mutter sexuelle Spielchen mit ihrem Sohn treibt. Solche

Erlebnisse sind schwere Traumata und wirken sich später höchst negativ auf Beziehungsfähigkeit und Eheleben aus. In solchen Fällen hat sich eine therapeutische Rückführung als sehr hilfreich erwiesen. Zum Beispiel im Fall einer damals 35-jährigen Frau, die ihre Weiblichkeit derart verneinte, dass sie seit 16 Jahren nicht mehr menstruierte. Sexualität war für sie mit viel Angst verbunden und ein Mann hatte deshalb keinen Platz in ihrem Leben. Das Wiedererleben einer völlig verdrängten Vergewaltigung durch den Vater in ihrer Kindheit war der erste Schritt zu ihrer Befreiung; der Rest wurde durch Szenen aus früheren Leben geklärt. Im letzten Vorleben war sie eine Gefangene in einem Lager gewesen, die von Soldaten sadistisch missbraucht wurde. Warum das alles? Diese Frage führte in ein Leben als Mann im alten Rom. Er passte als Wächter auf Christen auf, die in die Arena sollten, und zögerte nicht lange, manchmal auch eine Christin erst zu vergewaltigen. »Das macht ja nichts, sie wird ja ohnehin gleich von den Löwen gefressen«, war seine Ausrede. So erklärte sich also ihr Karma.

Die Menstruation kam gleich nach der ersten Rückführung wieder, und die Frau konnte sich innerlich mit ihrem Vater versöhnen. Sie ist heute ein ganz neuer und fröhlicher Mensch mit einer gesunden Einstellung zur Sexualität.

Der Täter ist nicht selten der Vater, manchmal auch der Großvater, ein Onkel, ein älterer Bruder, ein Vetter oder Nachbar, manchmal auch ein fremder Mann. Geschah es innerhalb der Familie, bleibt es manchmal ein totgeschwiegenes Geheimnis. Sofern die Mutter davon erfährt, kommt es sogar vor, dass sie nicht eingreift – sie will es nicht wahrhaben, hat nicht den Mut dazu, möchte den Partner nicht verlieren oder denkt »Was würden denn die Leute sagen?« Es wird vertuscht oder geleugnet. So wird die Mutter zur Mittäterin und opfert gewissermaßen die Tochter, was in jedem Fall Auswirkungen auf ihr Karma hat. Dasselbe gilt natürlich erst recht für den männlichen Täter. Am verwerflichsten ist es, wenn die Mutter sich folgendermaßen vor sich selbst herausredet: »Das Mädchen wird es vergessen, aber so lässt mich wenigstens der Mann mit solchen Sachen in Ruhe.«

Ich bin in meiner Praxis sehr vielen Fällen von sexuellem Missbrauch begegnet. Es stellt sich natürlich auch hier heraus, dass das Erlebnis karmisch bedingt war. In der Regel war das Mädchen beziehungsweise die heute erwachsene Frau selbst einmal ein Mann, der etwas Ähnliches tat, in einigen Fällen auch eine Mutter, die beide Augen zugedrückt hat und von der ganzen Sache nichts wissen wollte (Unterlassungstat). Wieder einmal hat die Seele gewählt, dies am eigenen Leib zu erleben. Und wenn man das in der Rückführung gesehen hat, kann man viel leichter verzeihen. Auch hier bedeutet das Verzeihen die endgültige Befreiung vom Trauma der Vergangenheit.

Schuldgefühle sind oft nicht angebracht

Wer einen sexuellen Missbrauch erlebt hat, entwickelt oft unbewusste Schuldgefühle. Das Mädchen fühlt ja, dass da etwas zutiefst Falsches geschieht, und nimmt nicht selten ein Stück der Schuld auf sich, so unsinnig das auch ist. Ein solches Schuldgefühl ist offensichtlich unangebracht und gehört aufgelöst.

Eigentlich müssen wir hier aber zwischen zwei Arten von Schuldgefühlen unterscheiden. Ein unmittelbar durch die Missbrauchssituation in der Kindheit entstandenes Schuldgefühl ist auf jeden Fall falsch, da das Mädchen hier Opfer und nicht Täterin ist. Dann gibt es aber mit ziemlicher Sicherheit auch ein anderes Schuldgefühl im Hintergrund, das erst später auftaucht, wenn wir der karmischen Ursache nachgehen – nämlich das Schuldgefühl, das aus der Tätersituation in einem früheren Leben stammt, welche zu diesem Karma führte. Der Helfer wird mit größter Wahrscheinlichkeit sagen, dass man auch dieses nicht mehr haben muss.

Reagiert eine Mutter negativ, will sie es nicht wahrhaben oder gibt sie sogar dem Mädchen die Schuld, wird ein solches verkehrtes

Schuldgefühl, das aus der Missbrauchssituation entstanden ist, natürlich noch größer. Es kommt auch vor, dass das Erlebnis für das Mädchen nicht nur schlimm war, sondern dass es dabei auch ein angenehmes Gefühl gab. In einem solchen Fall hat es wahrscheinlich zusätzlich auch deshalb Schuldgefühle. Es darf doch nicht schön sein, wenn es der Vater oder der Onkel tut! Die unangenehme Folge davon ist häufig, dass sich die erwachsene Frau später unbewusst verbietet, die Sexualität im Eheleben zu genießen. Es kommt zu einer Verallgemeinerung: Es darf bei keinem Mann die sexuelle Berührung schön sein – ein für die Partnerschaft oft folgenschwerer Irrtum.

Schuldgefühle entstehen oft auch sonst in der Kindheit. Nicht nur werden sie leichtsinnig oder unbewusst von den Eltern eingeredet, sondern wenn das Kind sich ungeliebt und überflüssig fühlt, bekommt es (oft bereits im Mutterleib, siehe oben) auch unbewusst Schuldgefühle dafür, überhaupt zu existieren. Natürlich sind auch diese Schuldgefühle völlig unangebracht. Fühlt sich das Kind ungeliebt, hört es oft auf, sich selbst gern zu haben. Es meint, nicht liebenswert zu sein. Wie soll es denn wissen können, dass dies an der Unreife der Eltern und nicht an ihm selbst liegt?

Auch hier wirkt das Karma

Wie oben schon angedeutet, spielt natürlich auch bei allen Eltern-Kind-Konstellationen und bei allen Erfahrungen, die ein Kind machen muss, wie immer das Karma eine Rolle. Die Seele soll erfahren, was sie in einer früheren Inkarnation die eigenen Kinder hat fühlen lassen. Sie soll lernen, wie wichtig es ist, seinen Kindern Liebe zu schenken. Manche unbewusste Hürden und Schwierigkeiten in der Beziehung zwischen einem Elternteil und dem Kind sind außerdem darin begründet, dass das Kind und ein Elternteil – oder auch beide – in einem früheren Leben eine Täter-Opfer-Beziehung hatten. Es geht dann wieder einmal um Versöhnung. Sieht die Mutter im Kind *unbewusst* einen früheren Täter, fällt es natürlich nicht ganz leicht, es voll zu lieben. Sieht der Vater im Kind *unbewusst* ein früheres Opfer, weicht er oft in unbewussten Schuldgefühlen vor dem Kind aus. Dem Kind mag es ähnlich gehen, oder es versteht das Verhalten der Mutter oder des Vaters einfach nicht und fühlt sich ungeliebt. Wird die Rückführung mit dem Elternteil gemacht, ist es wichtig, die Sache aufzuklären und die »innere Versöhnung« zu erreichen, sodass eine normale, gesunde Beziehung zu dem Kind entstehen kann. Handelt es sich um eine Person, die als Kind solche Erfahrungen gemacht hat, wird man hoffentlich erkennen, dass Liebe da war, aber wegen solch unbewusster Hürden nicht gelebt werden konnte. Man war also doch nicht wirklich ungeliebt und kann sich mit dem Elternteil innerlich versöhnen.

9 *Partnerschaften: Was uns zusammen oder auseinander führt*

Wie kommt es, dass gerade diese zwei Seelen eine Partnerschaft eingehen? Die Rückführungspraxis zeigt, dass sich oft Liebespartner aus vergangenen Leben wieder finden oder dass zwei Seelen hier die Gelegenheit bekommen, sich zu versöhnen. Wie schon in Kapitel 5 beschrieben, wird in Rückführungen oft eine gemeinsame Vorgeschichte in früheren Leben offenbar, die viele Beziehungsprobleme erklären kann. Schwierigkeiten in Beziehungen können aber natürlich auch mit Verhaltens- und Reaktionsmustern im heutigen Leben zu tun haben, die aber sehr oft ebenfalls Folgen von Erlebnissen aus der Vergangenheit sind. Wir spielen dann unbewusste Spielchen mit dem Partner oder der Partnerin – und mit uns selbst.

Wiederbegegnungen

Wenn wir auf die Begegnung mit einer Person besonders reagieren und es deshalb vielleicht zu einer Liebesbeziehung kommt, handelt es sich oft um eine Wiederbegegnung. Unsere Seelen erkennen sich, aber der Kopf bekommt das nicht mit. Es entstehen entsprechende Gefühle füreinander, die zunächst zu Verliebtheit führen können – vielleicht sogar zu »Liebe auf den ersten Blick«. Selbstverständlich begegnen wir Seelen wieder, die wir früher geliebt haben. Aber es handelt sich, wie bereits erwähnt, nicht selten um eine Versöhnungsaufgabe, die wir uns schon vor der Geburt gestellt haben. Warum versöhnen wir uns dann nicht einfach in der Lichtwelt? Das wäre wohl zu einfach. Auf jener Ebene gibt es ja keine

Konflikte. Dort *kann* man nicht betrügen, verletzen, belügen, sich rächen, jemand umbringen … Die Versöhnung muss offensichtlich auf der Ebene geschehen, auf welchem der Konflikt entstanden ist. Es scheint, dass »Versöhnungsbegegnungen« eine höhere Priorität haben als Wiederbegegnungen mit geliebten Seelen.

Ein dramatisches Beispiel: Eine Frau hatte eine schlimme Ehe hinter sich. Die Begegnung wird sicher mit Verliebtheit angefangen haben, artete aber mit der Zeit immer mehr in Gewalttätigkeit aus. Am Ende wurde die Frau täglich verprügelt und hatte schließlich den Mut zur Scheidung. In der Rückführung erlebte sie sich als ein mittelalterliches Burgfräulein im Norden Italiens. Es war Krieg, und ein »feindlicher« Soldat wurde festgenommen. Er sollte militärische Geheimnisse verraten und wurde deshalb in die Folterkammer gebracht. Das Burgfräulein hatte eine gewisse Freude daran, diesen »Feind« zu foltern, der unter ihren quälenden Händen starb. In der Rückführung zeigte sich, dass er heute ihr Ex-Mann ist! Hier ist zu unbewusster Rache entartet, was eine Versöhnung hätte werden sollen. Sie haben sich in Hass getrennt – jedenfalls seinerseits, auch wenn er nicht bewusst weiß, warum. Deshalb werden sie sich sicher wieder begegnen müssen, denn die Versöhnung ist ja auf seiner Seite dieses Mal gescheitert. Sie konnte ihm verzeihen, da sie erkannte, dass ihr Leiden unter seiner Gewalttätigkeit erstens im Vergleich zu seinen Schmerzen in der Folterkammer gering war und da sie nun auch die Ursache der Wiederbegegnung verstand. Ich könnte mir gut vorstellen, dass er in einem zukünftigen Leben ihr Kind sein wird, um die Liebe der Mutter zu erfahren und so seelisch bereit zu werden zur Versöhnung.

Doch aus dieser Geschichte können wir noch mehr lernen. »Urteile nicht, damit nicht über dich geurteilt werde!« (Matth. 7,1/2, Luk. 6,37) heißt es in der Bibel. Wir irren uns praktisch immer, wenn wir über jemand urteilen. Wie können wir wissen, welche Beweggründe wirklich hinter einer Handlung stecken? Wir können – da wir nun die Umstände kennen – in jenem Fall nur bedauern, dass der Mann in seiner Seele noch nicht verzeihen konnte.

Gibt es Zwillingsseelen?

Wenn es um die Wiederbegegnung mit geliebten Seelen geht, fragen manche, ob es sich auch um Zwillings- oder Dualseelen handeln könne. Eine esoterische Theorie darüber besagt, dass wir uns in einer Zeit, in der wir noch Lichtwesen waren, in zwei teilten. Der eine Teil sei männlich, der andere weiblich und sie würden sich durch die Inkarnationen immer wieder suchen und sich eines Tages endgültig wieder vereinen. Für diese Theorie habe ich bisher keine konkreten Hinweise gefunden. Ein Widerspruch dürfte darin liegen, dass wir scheinbar nicht grundsätzlich männlich oder weiblich sind, sondern von einer Inkarnation zur anderen immer wieder das Geschlecht wechseln – auch wenn das nicht unbedingt ausschließt, dass wir tief in unserem Sein eine Art Grundgeschlecht haben könnten, was mir so weit aber wenig wahrscheinlich erscheint. Es dürfte stattdessen eher so sein, dass in einer weiblichen Inkarnation mein weiblicher Teil zum Vorschein tritt und in einer männlichen mein männlicher Teil. Deshalb wäre dann – wie es manche esoterischen Theorien auch behaupten – die Seele einer als Frau inkarnierten Person männlich und die eines Mannes weiblich, weil jeweils der andere Teil in der Seele zurückbliebe. Zusammengenommen wären sie aber eher neutral.

Was wir aber beobachten können, ist, dass zwei Seelen besonders miteinander verbunden sind und sich tatsächlich immer wieder suchen, ob sie nun Zwillingsseelen sind oder nicht. Dabei wechseln sie manchmal auch das Geschlecht und sind mal als Mann und Frau, ein anderes Mal als Frau und Mann zusammen, möglicherweise gelegentlich sogar als gleichgeschlechtliche Partner. Oft ist ihr Zusammenkommen mit Hürden und Schwierigkeiten verbunden und sie wurden in früheren Leben nicht selten gewaltsam voneinander getrennt.

Es finden sich aber nicht grundsätzlich nur Liebes- oder Ehepartner, die sich auch in früheren Leben bereits kannten. Wir können uns beispielsweise auch in eine Person verlieben, deren Seele wir noch nie zuvor begegnet sind, weil sie Ähnlichkeit mit einer früher geliebten Seele hat oder weil wir einfach sonst gut miteinander harmonieren.

Verhängnisvolle Eheschließungen

Wenn wir in der therapeutischen Sitzung einem Eheproblem nachgehen, stellt sich manchmal heraus, dass eine Ehe unter falschen Voraussetzungen eingegangen wurde. Die Rückführung führt dann oft gar nicht weit zurück, sondern beleuchtet die Vorgeschichte der Eheschließung in diesem Leben. Leider heiraten nämlich manche Menschen aus ganz verkehrten Gründen, was zu schwer wiegenden Partnerschaftsproblemen führen kann. Eine Ehe ohne Liebe einzugehen, ist ein verhängnisvoller Irrtum. Es geschieht aber doch immer wieder. Ein typischer Fall ist die junge Frau (es kommt auch, aber seltener, bei jungen Männern vor), vielleicht noch nicht einmal 20, die eine Ehe eingeht, um aus einem lieblosen, einschränkenden und kontrollierenden Elternhaus zu flüchten. Es geht ihr nur darum, ein neues Zuhause zu haben und versorgt zu sein, denn sie hat Angst, es allein nicht zu schaffen – aber wirkliche Liebe ist hier nicht im Spiel. Eine solche Ehe scheitert fast immer. Natürlich ist es auch ein Fehler des Mannes, sich auf eine solche Ehe einzulassen, aber er tut es meistens aus anderen Beweggründen heraus und in jugendlicher Unreife, und er versteht die wahren Beweggründe der Frau nicht, da auch ihr diese eher unbewusst sind.

Ein anderer Fehler ist es, aufgrund einer Schwangerschaft eine lieblose Ehe mit einem vielleicht unreifen Mann einzugehen. Da sollte man lieber allein erziehende Mutter werden. In der heutigen Gesellschaft ist das ja nicht mehr so schwer wie früher und man erspart sich das Leid einer unglücklichen Ehe und einer unvermeidlichen schmerzhaften Trennung.

Es gibt auch Frauen, die Männern ein Kind »unterjubeln« und sich schwängern lassen, um den Mann an sich zu binden. Die Seele des Mannes weiß aber, dass er betrogen wurde, und eine solche Ehe wird selten gut. Noch schlimmer ist es natürlich, wenn das Kind nicht einmal von diesem Mann ist, obwohl die Frau ihn das glauben lässt. Dadurch entsteht nicht nur eine eher totgeborene Ehe, sondern auch Karma.

Es ist klar, dass das Kind unter solchen Umständen ebenfalls leidet. Nicht wenige haben in Rückführungen erlebt, wie es sich anfühlt, unter solchen Umständen geboren zu werden, und haben dann die miese Ehe der Eltern miterleben müssen.

Wegen des Geldes zu heiraten und Liebe nur vorzuspielen, ist auch ein seelisches Vergehen, das Karma schafft. Es kommt auch vor, dass man heiratet, um nur nicht allein zu bleiben – in Angst, man bliebe sonst »übrig«. Auch dies ist nicht eben eine gute Voraussetzung für eine erfüllte Ehe. Hat man den Eindruck, dass man nie einen Partner oder eine Partnerin findet, liegt das in der Regel an einem unbewussten Problem, das man mit sich selbst hat. Ein solches Problem kann wahrscheinlich durch eine Rückführungstherapie geklärt werden.

Hürden und unbewusste Spielchen

In fast jeder Partnerschaft gibt es Hürden und Probleme zu bewältigen. Manche davon rühren oft von unbewussten Spielchen her, die man mit dem anderen und gleichzeitig mit sich selbst spielt. Ein bekanntes Beispiel ist das »Lock-und-Block-Spiel«, in dem der Partner abwechselnd angelockt und dann wieder zurückgewiesen wird, und unter dem in der Regel beide Partner leiden, weil eigentlich keiner bekommt, was er wirklich möchte. Hürden können aus vielem bestehen: Das können schwierige Schwiegereltern sein, genauso gut auch Charakterzüge oder »Macken« des anderen, mit denen man schwer umgehen kann, weil sie ausgerechnet die eigenen Defizite oder Ängste herausfordern und so weiter.

Ob eine Partnerschaft funktioniert oder nicht, hat jedoch weniger damit zu tun, ob Spiele gespielt werden oder Probleme vorhanden sind, sondern vielmehr mit ihrem Ausmaß und wie man mit ihnen umgeht. Die Ursache solcher »Spielchen« liegt natürlich in eher unbewussten Verhaltensweisen, deren Auslöser in der Rückführung aufgespürt wird.

Im Folgenden werden einige Punkte aufgelistet, die in Rückführungen immer wieder im Zusammenhang mit Partnerschaftsproblemen auftauchen. Diese sind nur eine Auswahl häufig anzutreffender Hürden, und die Liste könnte sehr viel länger sein …

1. Sexuelle Schwierigkeiten in der Partnerschaft

Wenn es in der Partnerschaft nicht gut läuft, zeigt sich sehr oft, dass sexuelle Probleme hierzu beigetragen haben. Eheprobleme hängen meistens mehr mit der Sexualität zusammen, als man sich bewusst ist oder zugeben will. Das zeigt sich als empirische Tatsache immer wieder in Rückführungen, in welchen es um Partnerschaftsprobleme geht.

Erotik und Sexualität sind ein wichtiger Aspekt einer Ehe oder Partnerschaft. Fehlen sie, so handelt es sich ja nicht um eine partnerschaftliche Beziehung, sondern höchstens um Freundschaft, die im Grunde kein Zusammenleben braucht. Eine platonische Beziehung halte ich für ein bewusstes oder unbewusstes Arrangement zweier Menschen, die beide sexuelle Probleme haben – und diese vermutlich nicht wahrhaben wollen.

In der sexuellen Vereinigung geschieht etwas für die Beziehung höchst Wesentliches: Ein seelischer Energieaustausch, der beide bereichert – sofern die Vereinigung für beide auch in Liebe geschieht. Sex ohne Liebe ist eine andere Sache und hat in einer echten Partnerschaft nichts zu suchen, sondern mag höchstens eine vorübergehende Notlösung sein.

Man kann zwei psychologische Gesetze für die partnerschaftliche Sexualität erkennen, die im Prinzip für die Natur des jeweiligen

Geschlechts gelten (aber sich nicht immer strikt auswirken). Es handelt sich hier um empirische Erkenntnisse aus der Praxis, aber in Anlehnung an den amerikanischen Autor John Gray.

- Die eher unbewusste Haltung der Frau ist: »Wenn du mich nicht liebst, kann ich mit dir keinen Sex haben!«
- Und die des Mannes: »Wenn du keinen Sex mit mir hast, kann ich dich nicht lieben!«

Anders gesagt: Der Mann fasst unbewusst die Bereitschaft der Frau zur genussvollen Sexualität als den größten Liebesbeweis auf, während die Frau sich Liebesbeweise *außerhalb* der Sexualität wünscht. Oft geraten hier Paare – ungeachtet persönlicher oder beziehungsspezifischer Probleme – in einen Teufelskreis. Wie kommt man da wieder heraus? Die einzige Lösung liegt wohl darin, sich auf halbem Wege entgegenzukommen. Doch dazu müssen beide Partner bereit sein, an sich zu arbeiten.

Oft kann der Mann schlecht mit seinen Gefühlen umgehen und ist gar nicht oder jedenfalls zu wenig zärtlich. Eine Rückführung kann hier gut helfen, Gefühlshemmungen zu lösen. Dabei kann es außerdem hilfreich sein, wenn der Mann in einem früheren Leben die Sexualität als Frau erlebt. So kann er besser verstehen lernen, wie sich das andere Geschlecht dabei fühlt. Natürlich gilt dasselbe für die Frau, für die es ebenso heilsam sein kann, einmal die männliche Sexualität zu erfahren. Solche Erlebnisse tauchen aber relativ selten auf, und vielleicht sollte man sie bei dieser Problematik tatsächlich öfter suchen.

Wenn eine Frau Probleme mit der Sexualität hat, rührt das häufig von einer prüden Erziehung her oder von einem sexuellen Trauma aus der Vergangenheit. Zwar gibt es sexuelle Traumata ja auch bei Männern, doch aus irgendeinem Grund scheinen sie in der Regel leichter damit zurechtzukommen – vielleicht weil sie weniger emotional sind, was aber gerade in der Sexualität auch ein Nachteil ist, dessen sie sich dann aber nicht bewusst sind.

War im Elternhaus Sexualität tabu, wurde sie für schmutzig gehalten und wurde das Kind beschimpft oder gar bestraft, wenn es sich »unten« anfasste, wo es »schmutzig« sei, dann wirkt sich das natürlich sehr negativ auf die zukünftige Sexualität und Ehefähigkeit des Kindes aus. Solch ungesunde Verklemmtheit und Prüderie an das Kind weiterzugeben, bedeutet, ihm die eigenen sexuellen Probleme zu vererben.

In der Rückführung werden solche Kindheitssituationen dann wieder erlebt, um die dabei entstandenen Gefühle aufzulösen und den Eltern ihren schädlichen Einfluss zu verzeihen, in der Einsicht, dass sie einfach zu nichts anderem fähig waren – mit dem Ergebnis, dass man nun von diesem Einfluss frei ist.

Noch gravierender wird es, wenn diese verklemmte, körper- und lustfeindliche Erziehung mit religiösen Vorstellungen einhergeht. Durch die Kirche wurde die Auffassung verbreitet, dass der Sündenfall und die Sexualität ein und dasselbe gewesen seien. Die Bibel widerspricht dem. Da hier offensichtlich ein schwer wiegendes Missverständnis vorliegt, das verhängnisvolle Auswirkungen nach sich gezogen hat, möchte ich hier ein wenig weiter ausholen. Im Zuge meiner Nachforschungen zum Thema Reinkarnation und Christentum habe ich Stellen in der Bibel auch unter diesem Gesichtspunkt geprüft. Das Verbot, »die Frucht vom Baum der Erkenntnis«[6] zu essen, wurde von Jahweh ausgesprochen, *bevor* Adam irgendeine Möglichkeit zur Sexualität hatte. Adam war zu diesem Zeitpunkt nämlich im Garten Eden noch ganz allein. Danach erschuf Gott Tiere zu Adams Gesellschaft und erst als Er sah, dass das für Adam nicht genug war, erschuf Er Eva (1. Mos. 2).

Das »Essen vom Baum der Erkenntnis« kann also nichts mit Sexualität zu tun haben! Man hat es aber gern so deuten wollen, um mehr Macht über die Menschen zu bekommen. Weil jeder gesunde Mensch früher oder später sexuelle Gefühle hat, erreicht man jeden und jede mit diesem falschen Verbot, das alle Menschen zu Sündern stempelt und ihnen Schuldgefühle unterschiebt – und sie so leichter beherrschbar macht.

Außerdem wundert es mich, dass folgendes scheinbar bisher niemandem aufgefallen ist: Sie aßen beide, nacheinander, jeweils *allein* von der »verbotenen Frucht« (1. Mos. 3,6). Hätte dies wirklich mit Sexualität zu tun, hätten sie natürlich *gemeinsam* davon gegessen …

2. Angstsehnsucht

Wenn es um Beziehungen geht, tritt oft eine Problematik auf, die ich »Angstsehnsucht« nenne: Einerseits sehnt man sich nach Zweisamkeit, andererseits fürchtet man die Möglichkeit, dass es nicht gut gehen könnte. Deshalb lässt man sich nur halb auf eine Beziehung ein, das heißt man öffnet sich dem Partner oder der Partnerin nicht ganz. So kann auch die Beziehung nur eine halbe Sache bleiben, denn diese innere Haltung hat etwas von einer Rückzugsklausel in einem Vertrag, die eines Tages – nur weil sie da ist – auch beansprucht wird. In der Rückführung kann das »Urtrauma« dieser Angst gefunden und aufgelöst werden.

Der Grund für die Angstsehnsucht kann sein, dass man zum Beispiel fürchtet, betrogen, verlassen oder ausgenutzt zu werden. Doch Angst zieht allzu leicht das an, was man fürchtet. Eine Frau fürchtet zum Beispiel, einen Mann zu haben, der Alkoholiker ist, da ihr Vater ein Trinker war. Sie heiratet, und nach ein paar Jahren bekommt der Mann tatsächlich Alkoholprobleme. Vielleicht lässt sie sich deswegen scheiden und heiratet wieder. Nach einigen Jahren beginnt auch der neue Mann zu trinken …

Übermäßige Angst kann beim Partner auch Misstrauen wecken. Verdächtigt zum Beispiel ein Mann seine Frau ständig, ihm untreu zu sein, sie ist es aber gar nicht, so ist vermutlich irgendwann der Punkt erreicht, an dem sie sich *unbewusst* sagt: »Es hilft nichts, er glaubt mir einfach nicht. Dann kann ich es ja auch tun!«

Die Angstsehnsucht führt häufig auch dazu, dass man den Partner unbewusst von sich wegtreibt und zu diesem Zwecke Differenzen provoziert oder sich in einer Weise verhält, wie man es eigentlich gar nicht will. Dahinter kann auch der unbewusste Gedanke stehen: »Es ist besser, wenn du jetzt gleich gehst, denn später täte es noch mehr weh.« Oder: »Lieber verlasse ich dich, bevor du mich verlässt.«

3. Liebe unter Vorbehalt

Wenn man sich dem Partner nicht ganz öffnet, kann das auch daher kommen, dass man sich nicht erlaubt, ganz zu lieben. Dann tut es nämlich weniger weh, wenn er oder sie geht. Aber gerade daran scheitert die Beziehung früher oder später. Niemand hält es ewig aus, nur teilweise geliebt zu werden. Irgendwann gibt man auf und geht gerade deshalb. Die Angstliebe wird so zur selbsterfüllenden Prophezeiung.

Umgekehrt kommt es auch vor, dass ein Partner unbewusst nicht alles annimmt, was der andere geben will: Man lässt die Liebe des anderen nicht ganz an sich heran. Das hat oft damit zu tun, dass man sich selbst nicht genügend liebt. Und das ist bei erstaunlich vielen Menschen der Fall. Dann verhält man sich nach dem unbewussten Prinzip: »Niemand darf mich mehr lieben als ich mich selbst liebe, denn das wäre ein Widerspruch. Wer mich mehr lieben will, muss gehen …« Oder man misstraut der Liebe des anderen, denn: »Es kann doch gar nicht sein, dass mich jemand so sehr liebt – ich bin doch gar nicht so liebenswert …«

4. Abgrenzung

Manchmal beansprucht eine Person eine Privatsphäre, einen »Raum« in der Beziehung, zu dem der Partner keinen Zutritt hat. Unter Umständen braucht man das, und wenn dies vom Partner verstanden und akzeptiert wird, ist es auch in Ordnung. Fühlt er sich aber ständig ausgeschlossen, wird sich dies negativ auf die Beziehung auswirken. In einer idealen Beziehung braucht keiner eine Privatsphäre, sondern da teilt man wirklich alles mit einander.

5. Die Mauer

Manche Menschen tragen um sich herum eine unsichtbare Mauer spazieren. Wir entdecken sie meistens in der Rückführung und können sie abbauen. Sage ich zum Klienten: »Frage den Helfer, ob du um dich herum wie eine unsichtbare Mauer hast«, ist die Antwort oft: »Ja.« Diese Mauer bedeutet: »Niemand soll mir nahe kommen«, womit die emotionale und weniger die körperliche Ebene gemeint ist. In der Regel ziehen Menschen, die von einer solchen Mauer umgeben sind, auch einen Partner an, der sich auf diese Weise emotional von seinen Mitmenschen abschottet. Dann stoßen zwei Mauern aufeinander. Das Ergebnis ist eine unterkühlte Beziehung, die kaum einen der beiden Partner glücklich machen kann.

Ursprünglich entstehen solche Mauern oft aus Angst, verletzt zu werden. Frage ich in der Rückführung: »Dann bist du also nie mehr verletzt worden, seit du diese Mauer hast?«, antwortet fast jeder: »Doch!« Was nützt die Mauer dann? Sie schützt also nicht wirklich gegen Verletzungen. Das ist ein Irrtum. In Wahrheit »schützt« sie vielmehr gegen die Liebe, die kaum die Möglichkeit hat, diesen Schutzwall zu durchdringen. Der oder die andere erreicht uns dann nur mit dem bisschen Liebe, das den einen oder anderen kleinen Spalt im Mauerwerk findet …

Eine solche Mauer entsteht manchmal auch dadurch, dass man sich selbst nicht genügend liebt, wie schon im Abschnitt 3 oben geschildert. In der Rückführung muss es dann darum gehen, herauszufinden wo, wann und weshalb man aufhörte, sich selbst lieb zu haben. Gründe dafür können starke Schuldgefühle sein, die in einem früheren Leben oder auch in der Kindheit entstanden sind. Fühlte man sich ungeliebt, hörte man vermutlich irgendwann auch auf, sich selbst zu lieben, da man zu dem Schluss kam: »Ich bin offensichtlich nicht liebenswert« – was natürlich ein Missverständnis war, denn die tatsächliche Ursache war die Unreife der Eltern. In der Rückführung gehen wir wie immer zur Situation in der Vergangenheit, in der man aufhörte, sich selbst zu lieben, und lösen die entsprechenden negativen Gefühle auf.

In seltenen Fällen baut jemand diese Mauer um sich, da er ganz grundsätzlich Angst hat, zu lieben. Dann erlaubt er sich gar nicht zu lieben, denn wenn man liebt, könnte man die geliebte Person ja verlieren, und befürchtet, den dadurch ausgelösten Schmerz nicht ertragen zu können. Das ist jedoch ein katastrophaler Irrtum. Jede Beziehung geht unvermeidlich früher oder später auseinander. Niemand kommt drumherum, die geliebte Person eines Tages durch den Tod zu verlieren oder selbst verlassen zu müssen. Leider kann es natürlich auch schon vor dem Tod zu einer schmerzlichen Trennung kommen. Dieses Risiko muss man in Kauf nehmen, um überhaupt Liebe erleben zu können. Der reife Mensch freut sich dann daran, die Liebe zumindest gehabt zu haben. Die Erfahrung kann ihm niemand wegnehmen, und er wird sie mit Sicherheit wieder erleben. Die Liebe kommt zu so einem Menschen immer wieder zurück – in diesem oder im nächsten Leben.

Ist eine Mauer da, bitten wir in der therapeutischen Sitzung zuerst den Helfer, diese sichtbar zu machen. Dann stelle ich die Frage, ob die Person sie immer noch haben will. Normalerweise lautet die Antwort: »Nein!« Sie lässt sich dann vom Helfer ein Werkzeug geben, zum Beispiel einen Vorschlaghammer, und zerstört die Mauer. Danach werden die Trümmer weggeschafft. Ist dann die Mauer weg, entsteht ein ganz neuer Freiraum, der einen nicht – wie befürchtet – allen möglichen Verletzungen preisgibt, sondern der zunächst einmal das eigene Handeln befreit: Man entscheidet nun selbst, wer einem nahe kommen darf und wer nicht und hält nicht alle gleich weit von sich weg. Außerdem kann echte, nährende Nähe erlebt werden, indem man den Partner, die Eltern, das eigene Kind wirklich an sich heranlässt, sodass sie uns endlich mit ihrer Liebe, Zuwendung und Anerkennung erreichen können.

Untreue

Erlebnisse von Untreue in der Partnerschaft erweisen sich nicht selten als karmisch bedingt. In den meisten Fällen war man in einer früheren Inkarnation selbst einmal untreu, vielleicht sogar mit derselben Seele als Partner. Ist es so, dann hat sich jene Seele dieses Mal vermutlich unbewusst gerächt.

»Männer, die von ihren Müttern zu wenig geliebt wurden, werden leichter Opfer von verführerischen Frauen«, sagte einmal eine Psychiaterin in der Rückführung. Da hatte sie eine wichtige Wahrheit erkannt. In Kapitel 8 war die Rede davon, wie wichtig es ist, dass die Eltern, vor allem die Mutter mit ihrem Kind Hautkontakt haben. Es ist eine Erfahrungstatsache aus vielen Rückführungen, dass es hier einen Zusammenhang gibt. Der Mann, der viele Frauen hat und in der Ehe untreu ist, sucht in sexuellen Abenteuern oft das Erlebnis von Nähe und Körperkontakt, die seine Mutter ihm nicht gab; natürlich gibt es auch Frauen, die sich analog verhalten. Dies ist eine von mehreren Möglichkeiten, wie sich Liebesentzug in der Kindheit auswirken kann. Der Betroffene weiß allerdings gar nicht, was er eigentlich sucht, denn es ist ihm gänzlich unbewusst. So findet er es natürlich in keinem seiner sexuellen Abenteuer. Deshalb sucht er weiter … Eine Rückführung in die Kindheit kann helfen, dieses Verhaltensmuster zu brechen.

Ein weiterer Aspekt der Untreue ist, dass es für den untreuen Mann in der Regel offensichtlich kein großes Problem ist, eine Geliebte zu finden, die da mitspielt. Warum lassen sich manche Frauen gern mit verheirateten Männern ein? Die Ursache liegt in der Angst vor Bindung. Ist der Mann schon liiert, braucht sich die Geliebte nicht zu binden … Oft erfährt sie erst, wenn ein Verhältnis entstanden ist, dass er verheiratet ist. Und doch hat sie ihn gerade deshalb unbewusst gewählt. Auch in diesem Fall kann eine Rückführung sehr hilfreich sein, da sie das unbewusste Verhalten klärt.

Wird der Partner untreu, schlägt manchmal »Liebe« in Hass um. War es dann vorher wirklich Liebe? Wohl kaum. Wahre Liebe *kann* nicht auf einmal zu Hass werden … Ist wirklich Liebe da, ist man bereit, mit dem Partner eine Lösung zu finden, sich zu versöhnen und – sofern die Sache nicht zu weit geht – zusammen zu bleiben. Eine »Liebe«, die in Hass umschlägt, weist vielleicht sogar auf eine wesentliche Ursache dafür hin, dass es schließlich zur Untreue kam. Der Partner suchte dann unbewusst die echte Liebe woanders …

Gibt es den Idealpartner?

Es gibt Menschen, die ewig ihren »Idealpartner« suchen, den es aber natürlich nicht gibt. Kein Mensch ist perfekt, denn sonst wäre seine Seele nicht mehr hier. Ein Idealpartner darf aber keine Fehler haben, denn man hat ja selbst genug davon, und die möchte man nicht im anderen gespiegelt sehen. Es ist leider in der Regel genau das, was uns am anderen am meisten stört: die Fehler, die er uns – ohne dass er es weiß – wie ein Spiegel vorhält. Andere Fehler stören uns weniger … Doch eine Beziehung kann nur dann von Dauer sein, wenn man bereit ist, den anderen mit *all* seinen Fehlern anzunehmen und zu lieben.

Man hört in esoterischen Kreisen manchmal den Satz: »Es ist besser, den geistigen Weg allein zu gehen.« Es kann sich damit so verhalten wie mit dem berühmten Satz: »Sie sind mir zu sauer, sagte der Fuchs von den Weinbeeren, an die er nicht herankam.« Es ist tatsächlich nicht so leicht, einen Partner zu finden, mit dem man denselben spirituellen Weg gehen kann, aber es ist möglich! Den Weg zu zweit zu gehen, mag nicht immer leicht sein, aber bereichernd ist es in jedem Fall – für den spirituellen Weg und für die Beziehung zugleich.

10 *Vorsicht mit leichtfertigen Versprechen!*

Der Ehemann muss in den Krieg ziehen. Seine Frau weint verzweifelt und er sagt ihr: »Weine nicht! Ich verspreche, dass ich zu dir zurückkomme!« Aber er fällt auf dem Schlachtfeld …

Trotzdem kommt er zurück – in der nächsten Inkarnation. Er hat es ja versprochen … Als er die Frau endlich findet, die er die ganze Zeit – ohne sich dessen bewusst zu sein – gesucht hat, ist sie bereits glücklich verheiratet. Sie hatte kein entsprechendes Versprechen gegeben und hat deshalb in ihrer neuen Inkarnation auch nicht unbewusst auf ihn gewartet. Er kommt aus seiner Sicht zu spät, aus ihrer Sicht ist er ein Störenfried, und es kommt zu Spannungen und Komplikationen.

In einer anderen Version dieser Geschichte, die sich so oder so ähnlich wiederholt abgespielt hat, kann es sein, dass der Mann gleich nach seinem Tod als Seele zu seiner Frau zurückkehrt. Seine unsichtbare Anwesenheit ist ihr natürlich nicht bewusst, wirkt sich aber auf Dauer indirekt störend aus, vor allem dann, wenn er aufgrund seines Versprechens auch noch zu vereiteln sucht, dass sie einen neuen Mann findet. Unter Umständen gelingt dies sogar.

»Ich werde immer nur dich lieben!«, ist auch so ein Versprechen, das verhängnisvolle Folgen haben kann. Im nächsten Leben findet die Person keinen Partner, der gut genug ist, denn sie hat ja versprochen, nur diese eine Seele zu lieben und niemals eine andere. Diese ist aber vielleicht dieses Mal in Caracas oder Shanghai inkarniert, fern des ehemaligen Partners, denn sie hat kein solches Versprechen gegeben. So begegnen sie sich nie und derjenige, der ihr damals seine ausschließliche Liebe versprochen hat, bleibt ein Leben lang allein.

Es kommt auch vor, dass jemand Rache schwört. Heute ist er vielleicht mit der verhassten Seele verheiratet und leistet unbewusst täglich Rache in Kleinportionen. Es ist doch merkwürdig, wie man so viel Zeit und Energie darauf verschwenden kann, einer anderen Seele die neue Verkörperung so unangenehm wie nur möglich zu machen, statt sich selbst in einer anderen Beziehung Liebe, Glück und Lebensfreude zu gönnen. Aber es kommt vor. Ich kenne solche Fälle aus meiner Rückführungspraxis.

Was wir versprechen werden wir meistens halten. Wenn nicht in diesem Leben, dann in einem anderen. Wenn nicht aus dem bewussten, dann aus dem unbewussten Ich heraus.

Versprechen, die man sich selbst gibt

Die größten Probleme machen aber oft Versprechen, die wir uns selbst gegeben haben: »Ich werde nie wieder …«, seltener: »Ich werde immer …« Eine Frau kam zu mir, weil es ihr einfach nicht gelingen wollte, eine längere Beziehung zu führen. Jeder neue Beziehungsversuch wurde auf die eine oder andere Art vereitelt und man ging bald wieder auseinander. In einem früheren Leben war meine Klientin eine Nonne gewesen. Es geschah, dass sie von einem Priester geschwängert wurde. Die anderen Nonnen hatten eine eigenartige Auffassung von der christlichen Nächstenliebe, denn sie verlangten von ihr, sich das Leben zu nehmen, sodass das Kloster von dieser »Schande« erlöst werde. In der letzten Szene, die meine Klientin in der Rückführung wieder erlebte, stand sie auf einem Felsvorsprung. Die Klosterschwestern standen im Halbkreis um sie herum und schauten sie böse an. Es blieb ihr nichts anderes übrig, als zu springen. In diesem Moment versprach sie sich selbst: »Ich werde nie wieder etwas mit einem Mann zu tun haben!« Dieses Versprechen hat sie im heutigen Leben unbewusst gehalten und damit, ohne sich dessen bewusst zu sein, selbst die Beziehungsversuche sabotiert.

Es ist eine sich wiederholende Erfahrung, dass wir offenbar dazu neigen, zu verallgemeinern, was wir uns einmal selbst versprochen haben. Meine Klientin hat ihr Selbstversprechen auf *alle Männer dieser Welt* bezogen. Es wäre doch viel besser gewesen, wenn sie sich gesagt hätte: »Ich werde nie wieder etwas mit einem Priester zu tun haben!« oder noch besser: »Ich werde mir nie wieder etwas von scheinheiligen Nonnen einreden lassen!«

Gelübde

Es kommt auch vor, dass man heute sexuelle Probleme hat, weil man in einem früheren Leben als Klosterschwester oder Ordensbruder ein Keuschheitsgelübde abgelegt hat. Der Helfer lässt uns in der Rückführung verstehen, dass dieses Gelübde ein menschliches Missverständnis war. Gott verlangt keine Keuschheit von uns, denn sonst hätte er uns doch keine Geschlechtsorgane gegeben. Er verbietet der Frau auch nicht, im Ehebett Freude zu empfinden, denn sonst hätte er ihr keine Klitoris geschenkt, die ja für die bloße Fortpflanzung überflüssig wäre. Und wenn überhaupt, galt das Gelübde nur für das Klosterleben, aber ganz bestimmt nicht mehr für das heutige Leben. Man kann es nun auflösen.

Zum Beispiel lasse ich die Person ihren inneren Helfer bitten, ihr das Gelübde auf einem Blatt Papier oder Pergament geschrieben zu übergeben. Sie zerreißt das Blatt und wirft es ins Feuer. Dann fragen wir den Helfer, ob das reicht, oder ob sie sonst noch etwas tun muss, um ganz davon frei zu werden.

In ähnlicher Weise kann heute noch ein Geheimhaltungsgelübde nachwirken. Man ist schweigsam und meint, man dürfe über manche Dinge einfach nicht sprechen. In der Rückführung wird die Einsicht möglich, dass jenes Gelübde schon längst nicht mehr gültig ist. Wahrscheinlich existiert nicht einmal mehr die Organisation, die das Gelübde abverlangt hat; und ihre »Geheimnisse« sind vielleicht heute historisch bekannte Tatsachen.

Affirmationen

Verwandt mit Schwüren und Gelübden sich selbst oder anderen gegenüber sind negative Affirmationen. Zum Beispiel wurde eine Frau in einem vergangenen Leben von ihrem Ehemann nach Strich und Faden betrogen. Sie sagte sich (wiederum verallgemeinernd): »Männer können nicht treu sein!« Im heutigen Leben zieht sie wohl gerade deshalb solche Männer an. Warum tut sie das? Erstens bewirkt das Resonanzprinzip, dass man gerade das anzieht, was man fürchtet – Angst zieht die Gefahr an. Zweitens war meine Klientin durch diese Affirmation unbewusst auf solche Männer fixiert. Die anderen nahm sie gar nicht als mögliche Partner wahr. Außerdem konnte sie so unbewusst triumphieren: »Ich hatte ja Recht. Ich wusste es doch! Männer sind eben so!« Als diese Affirmation endlich aufgelöst war, konnte diese Frau endlich anfangen, die vielen treuen Männer wahrzunehmen, die es glücklicherweise auch gibt. Die Weichen für eine glückliche Partnerschaft waren gestellt.

Auch bei Männern kommt es natürlich vor, dass sie in Bezug auf Frauen bestimmte negative Affirmationen aus einem vergangenen Leben in sich tragen. Hat ein Mann beispielsweise erlebt, wie er von einer Frau ausgenutzt wurde, zum Beispiel weil sie nur auf sein Geld aus war und ihm Liebe höchstens vorspielte, affirmierte er vielleicht: »Frauen können nicht lieben. Sie wollen nur mein Geld!« Nach dem gleichen Muster zieht er dann im aktuellen Leben allzu leicht genau solche Frauen an. Auch hier kann das Muster gebrochen werden, indem wir es – ähnlich wie oben bei »Gelübde« beschrieben – in einer Rückführungssitzung auflösen.

Natürlich gäbe es noch viele Beispiele von negativen Affirmationen, mit denen sich Menschen ihr Glück verbauen. Das gilt für Affirmationen aus vergangenen ebenso wie für solche aus diesem Leben. Werden Sie sich daher bewusst, ob Sie solche unbewussten Glaubenssätze mit sich herumtragen. Diese können zum Beispiel heißen: »Mir gelingt nie etwas!«, »Ich bin ohnehin nicht liebenswert« oder »Erfolg, Geld und Liebe haben immer nur die anderen.« etc. Decken Sie diese Affirmationen auf und lösen Sie sie auf – oder ersetzen Sie sie durch positive: »Ich bin ein wertvoller Mensch, sympathisch und liebenswert«, »Ich bin es wert, Erfolg zu haben« usw.

Versprechen mit Sinn und Verstand

Wir müssen also aufpassen, was wir versprechen. Die Formulierung muss wirklich gut durchdacht und formuliert sein. Noch besser ist es, man vermeidet es von vornherein, etwas zu versprechen, es sei denn, es ist wirklich unumgänglich. Vor dem Altar versprechen wir übrigens, zusammenzubleiben »... bis dass der Tod uns scheidet«. Was mag das für seelische Auswirkungen haben, wenn die Ehe auseinander geht?

So affirmieren Sie richtig

- Eine Affirmation muss immer positiv formuliert werden, da sich das unbewusste Ich schwer einen Begriff von »nicht« oder »nie« macht. Wer denkt: »Ich werde nicht krank« wird leicht von der Grippe erwischt, wer aber denkt: »Ich bleibe gesund« wird es auch eher bleiben.
- Vorsicht mit Formulierungen wie »ich werde«, »früher oder später« und Ähnlichem. Unter Umständen wirken sie sich so aus, dass man sich unbewusst auf das »Werden« fixiert, statt auf das, was werden soll. Damit kann man ungewollt eine Affirmation des *Wartens* herstellen! Womöglich wartet man dann am Lebensende immer noch darauf, dass es »wird« ...
- Man affirmiert besser in der Gegenwartsform, dass es *schon so ist*, wie man es haben möchte. Oder man setzt ein vernünftiges Zeitlimit: »Ab 2006 ...« oder Ähnliches, aber nicht etwa »in drei

Jahren«, denn dann kann es nach fünf Jahren immer noch »in drei Jahren« sein. Unrealistische Limits untergraben natürlich das Vorhaben.

- Man darf das, was man erreichen will, nicht zu eng fassen, da man damit die Möglichkeiten einschränkt, und man darf auch nicht den Weg vorschreiben, wie das gewünschte Ziel zu erreichen sei – damit verbaut man sich alternative Wege, die man vielleicht noch gar nicht kennt.
- Man darf selbstverständlich nicht so affirmieren, dass man damit einem anderen etwas wegnimmt. Ich will nicht *sein* Haus haben, sondern ein Haus, das seinem ähnlich ist. Sonst bewege ich mich unter Umständen in Richtung »schwarzer Magie«. Würde der Mann sterben, oder in eine finanzielle Krise geraten und deshalb das Haus verkaufen müssen, hätte ich dann einen hübschen Betrag auf meinem karmischen Schuldkonto.
- Das Gleiche gilt etwa bei einer Scheidung oder einem sonstigen Rechtsstreit. Man affirmiere ehrlicherweise: »Ich behalte, was mir zusteht, gerecht geteilt.« Oder: »Das Kind bleibt dort, wo es am glücklichsten ist.« In seelischer Reife wirklich ehrlich zu sein, ist allerdings nicht leicht …

11 *Krankheiten aus Vergangenheit und Gegenwart*

Es kommt vor, dass ein körperliches Merkmal oder ein gesundheitliches Problem seine Ursache in einem Vorleben hat. Wurde eine Person in einer früheren Inkarnation – meistens im letzten Vorleben – tödlich verletzt, so wirkt sich das nicht selten noch an der Stelle des heutigen Körpers aus, an der damals die tödliche Verletzung traf. Wo in jenem Leben die Kugel, der Stich oder der Hieb traf, kann es heute ein Muttermal geben oder selten einmal sogar eine Missbildung, oder jene Körperstelle ist eine Schwachstelle, an der sich Krankheitszustände besonders leicht manifestieren. Wenn man eine Kette unter Spannung setzt, gibt sie am schwächsten Glied nach. Gerät der Körper unter Spannung, so gibt er dort nach, wird also dort krank, wo er eine Schwachstelle hat.

Zu Manifestationen im heutigen Leben von Körperverletzungen in einem früheren Leben hat der bekannte amerikanische Reinkarnationsforscher Ian Stevenson eine äußerst umfangreiche Studie veröffentlicht, die ein einzigartiges und starkes Indiz für die Reinkarnation ist. Eine Kurzfassung ist in Deutsch unter dem Titel *Reinkarnationsbeweise* erschienen. Darin wird eine größere Zahl von Fällen beschrieben, in welcher sich erwiesenermaßen eine Körperverletzung im früheren Leben im heutigen manifestiert hat.

Auch psychische Konflikte aus einem vergangenen Leben können sich heute körperlich niederschlagen. Sie wirken sich oft in Verhaltensmustern oder in Beziehungsproblemen aus, unter Umständen in einer »Flucht in die Krankheit«. Natürlich gilt das ebenso für Konflikte aus dem aktuellen Leben. So ist es zum Beispiel logisch, dass sich sexuelle Probleme oder ein unerfüllter Kinderwunsch in Unterleibsleiden manifestieren können.

Krebs hat oft – aber sicherlich nicht immer – mit verdrängten Gefühlen zu tun. Davon zeugt das Rauchen. Nikotin hilft, unerwünschte Gefühle zu unterdrücken. Das ist für viele ein unbewusster Grund zum Rauchen. Wenn man auf diese Weise Gefühle verdrängt, liegt es nahe, dass sie sich in der Luftröhre und noch mehr in Bronchien oder Lungen einnisten. Das wird wohl bei Rauchern häufig ein psychosomatischer Grund für Lungenkrebs sein. Sicher trifft hier auch die schulmedizinische Erklärung zu, die den Krebs der Wirkung der teerartigen Substanzen zuschreibt. Aber sie wird nur ein Teil der Erklärung sein.

Denn es ist heute kaum mehr strittig und deckt sich auch mit meinen Erfahrungen aus der Praxis, dass jede Gesundheitsstörung neben anderen Faktoren auch eine psychische Ursache hat. Ein besonderer psychischer Faktor ist immer die Angst. Wir ziehen allzu leicht das an, was wir fürchten. Man kann es leicht beobachten, wenn die Grippe umgeht. Viele denken: »Hoffentlich werde ich nicht auch krank!« Sie gehören oft zu den ersten, die sie bekommen. Wer aber keine Angst hat und die Grippewelle nicht weiter beachtet, der bleibt viel eher gesund – erst recht, wenn er positiv affirmiert: »Ich bleibe gesund!« Wie wir denken spielt hier eine große Rolle.

Wessen Eltern an Krebs starben und wer deshalb fürchtet, selbst krebskrank zu werden, kann durch die Angst eben diese Krankheit anziehen. Man spricht zwar von einer »erblichen Veranlagung«, und da mag wohl etwas dran sein, aber diese wird auf jeden Fall stark durch Befürchtungen unterstützt. So wie wir uns allzu leicht krank denken, können wir uns jedoch auch gesund denken. Leider kommt das Erstere viel öfter vor als das Letztere, einfach weil die meisten darüber nicht Bescheid wissen beziehungsweise sich ihres Denkens – und wie machtvoll es ist – nicht bewusst sind.

Viele Gesundheitsprobleme haben also ihre Ursachen auch in der Gegenwart – eben in Angst und negativen Affirmationen, aber auch in verdrängten Gefühlen. Wir tun uns wirklich nichts Gutes, wenn wir Gefühle verdrängen. Denn wir werden dadurch nicht von ihnen frei, sondern verstecken sie nur in unserem unbewussten Ich. Die somit unterdrückten emotionalen Energien tendieren dann dazu, sich an einer Körperstelle einzunisten, die entweder eine symbolische Beziehung zu den verdrängten Gefühlen hat oder wo der Körper eben eine Schwachstelle hat – womit sich der Kreis zum eingangs Gesagten schließt. Je mehr an verdrängten Gefühlen ins unbewusste Ich »entsorgt« werden, desto mehr steigt dort der Druck, bis sich diese emotionalen Energien im Körper als Gesundheitsstörung manifestieren, manchmal eben in der Form von Krebs. Jedenfalls bedeutet Krankheit immer, dass das unbewusste Ich uns über den Körper signalisieren will, dass etwas nicht in Ordnung ist. Aber viel zu oft verstehen wir das Warnzeichen nicht – oder wir wollen einfach nichts davon wissen.

»Leidensspiele« und Nachwirkungen früherer tödlicher Verletzungen

In Kapitel 2 wurde am Ende ein »Leidensspiel« erwähnt, das manche unbewusst spielen, um Aufmerksamkeit zu bekommen oder um ihre Umwelt zu erpressen. Die Ursache dafür bringen wir häufig aus einem vergangenen Leben mit, aber natürlich gibt es immer wieder auch einen Bezug zur Gegenwart. Als Beispiel mag der Fall einer Frau dienen, die Myome in der Gebärmutter hatte. In der Rückführung sagte ihr ihr innerer Helfer: »Das hast du dir als Ausrede wachsen lassen, um mit deinem Mann keinen Sex mehr haben zu müssen. Du brauchst die Myome also nicht mehr – du bist ja nun schon seit einem halben Jahr geschieden!«

Manchmal haben Myome einen anderen Grund: den unerfüllten Kinderwunsch. Unbewusst lässt die Frau anstelle eines Kindes etwas anderes in der Gebärmutter wachsen.

In Kapitel 2 wurden auch bereits ein paar Beispiele von körperlichen Nachwirkungen tödlicher Verletzungen im heutigen Leben gegeben. Hier könnte man eine lange Liste von Fällen aufzählen.

Ein Mann hatte auf dem Rücken ein längliches Lipom (ein gutartiges Fettgeschwulst), das, nachdem es operativ entfernt worden war, nach einiger Zeit wieder entstand. Es trat auf, als er mit einer bestimmten Frau zu tun hatte. In der Rückführung stellte sich heraus, dass er in einem früheren Leben in einem asiatischen Land zur Prügelstrafe verurteilt worden war. Man schlug mit Bambusstöcken auf ihn ein. Der letzte Stockhieb brach das Rückgrat und er starb daran. Das Lipom war wie ein Abdruck von diesem Stock. Es verschwand innerhalb einer Woche nach der therapeutischen Sitzung und ist seither nicht wieder entstanden. Unbewusst wollte der Körper sich gerade dort mit einer Extraschicht Fett schützen, obwohl ein heute höchst unwahrscheinlicher tödlicher Hieb natürlich ganz woanders treffen könnte. Interessanterweise war in jenem früheren Leben diese Frau der Mann, der ihn zur Prügelstrafe verurteilt hatte. Diese merkwürdig unlogische Reaktion, den Körper nur gerade dort zu schützen, wo er damals getroffen wurde, kann gelegentlich beobachtet werden.

Eine junge Frau störte es, dass ihr rechter Oberschenkel dicker war als der linke (was wohl anderen kaum auffiel). In einem früheren Leben war sie gerädert worden. Bevor sie starb, riss das Gewebe am rechten Oberschenkel schmerzhaft auseinander. Heute war gerade dieser Oberschenkel stärker ausgebildet.

Ein Extremfall einer körperlichen Nachwirkung, die von einer tödlichen Verletzung aus einem vergangenen Leben herrührt, ist der Folgende. Diese Rückführung gehört zu den schlimmsten, die ich je begleitete. Eine Frau in Schweden war mit nur einem Ohr geboren worden. Rechts war kein Außenohr vorhanden und nicht einmal eine Öffnung. In der Rückführung erlebte sie sich als Kind einer als Dissidenten verfolgten Familie in einer Diktatur. Eines Tages kamen Soldaten und holten die Familie ab, die auf verschiedene Gefangenenlager verteilt wurde. Das Mädchen wurde getrennt von ihren Angehörigen in ein Lager eingeliefert und wuchs dort unter widerlichen Umständen auf, die ich dem Leser ersparen möchte. Ein Jahr vor dem Ende des herrschenden Regimes hatte das nun zwölfjährige Mädchen irgendeine Reinigungsarbeit erledigt und ging zum Lagerbefehlshaber: »Was soll ich jetzt tun?« Er schaute sie an und nahm sie dann mit in eine Baracke. Dort lagen Menschen herum, mit welchen man medizinische Experimente durchführte und die sie in traurigem Schmerz ansahen. Ein Arzt schlug ein Buch mit von Hand eingetragenen Notizen auf: »Zeige mit deinem Finger auf das Buch!« Sie tat es und hatte damit das Experiment »gewählt«, das man nun an ihr ausprobieren sollte ... Dafür entfernte man rechts das ganze Außen- und Innenohr, um Zugang zum Gehirn zu bekommen. Vorher hatte man sie durch Einträufeln einer Flüssigkeit in die Augen erblinden lassen. Scheinbar hatte man wenigstens das bisschen Anstand, sie beim Eingriff zu betäuben. Dann lag sie da mit Watte in dem Loch rechts am Kopf, wo Schläuche oder Leitungen austraten. Kurz darauf wurde sie durch den Tod von diesem Wahnsinn erlöst. Zwei Jahre später wurde sie in Schweden wiedergeboren – das rechte Ohr fehlte!

Warum wir heute schneller reinkarnieren

Ein Grund, weshalb eine solche Verletzung aus dem letzten Vorleben heute noch körperlich nachwirkt, mag der folgende sein: Wir inkarnieren heute sehr schnell wieder. Wer stirbt, kann wenige Jahre später wiedergeboren werden. Fast alle, die in den Wahnsinnsjahren des Zweiten Weltkriegs starben, sind demnach heute wieder da. Doch warum reinkarnieren wir so schnell?

Nach den Erfahrungen, die in einer großen Zahl von Rückführungen gesammelt werden konnten, sieht es so aus, als wenn die Anzahl Seelen, die auf dieser Erde inkarnieren, seit einigen Jahrtausenden in der gleichen Größenordnung liegt. Einige haben diese »Seelenschule« verlassen dürfen, aber andere sind neu dazugekommen, und es scheint, dass die Gesamtzahl ganz grob gesehen einigermaßen gleich geblieben ist.

Doch vor 2000 Jahren gab es, im Vergleich zu heute, nur eine »Handvoll« Menschen auf der Erde. Da konnten sich die Seelen nach dem Tod viel Zeit lassen. Die wenigsten wollten schnell wieder inkarnieren, sondern man wartete lieber – mehrere Jahrzehnte, hundert, vielleicht zweihundert Jahre. Damals befand sich die Mehrzahl der hier inkarnierenden Seelen im Zwischenzustand zwischen zwei Verkörperungen, während eine Minderheit in einem physischen Körper inkarniert war.

Heute ist die Welt überbevölkert und die Anzahl Menschen verdoppelt sich in wenig mehr als 25 Jahren. Es überleben jede Minute ungefähr sieben Menschen mehr auf diesem Planeten. Diese exponential wachsende Erdenbevölkerung muss dazu geführt haben, dass heute die große Mehrzahl der Seelen, die zurzeit insgesamt auf der Erde inkarnieren, sich im verkörperten Zustand befindet und eine Minderheit im exkarnierten Seelenzustand.

Wenn ein Kind entsteht, muss eine Seele hinzukommen, sonst findet keine Befruchtung statt oder es kommt zur Fehlgeburt. Deshalb können wir uns heute offenbar nicht so viel Zeit lassen, sondern müssen wenige Jahre nach dem Tode wieder zurückkehren, damit ein Kind leben kann.

Die Seele hat also heute wenig Zeit, um sich in der Lichtwelt zu regenerieren, bevor sie wieder inkarniert. Das könnte erklären, warum jemand, der im letzten Vorleben tödlich verletzt wurde, oft heute davon »gezeichnet« ist – selten aber so extrem wie in der Geschichte oben, sondern vielleicht nur durch ein Muttermal, wo damals die Kugel traf.

Die Botschaft der Krankheit verstehen

Zum Abschluss dieses Kapitels möchte ich von einem weiteren Extremfall berichten, dieses Mal aber von einem positiven, bei dem die Ursache des Leidens ganz woanders lag.

Eine Frau kam Mitte der Achtzigerjahre zu mir. Sie hatte einen Gehirntumor mit Metastasen, und der Arzt konnte sie nur auf den Tod vorbereiten. Statt in eine Situation in der Vergangenheit zu kommen, begegnete sie in der Rückführung einer Lichtgestalt, die ihr sagte: »Es ist deine Lebensaufgabe zu heilen, aber du tust es nicht! Nimmst du sie an, wird der Tumor verschwinden, ansonsten wird er weiter wachsen.« Sie nahm die Aufgabe an und begann, durch Handauflegen zu heilen – und das mit großem Erfolg. Die Gabe war schon längst da gewesen, hatte aber bis zu diesem Zeitpunkt brachgelegen. Sie spürte dann über einige Wochen hinweg, wie eine dicke Flüssigkeit durch die hintere Nasenöffnung im Rachen hinunterlief. Als dieses Gefühl nach einiger Zeit aufhörte, ging sie wieder zum Arzt, der ganz verwirrt von einer »Spontanheilung« sprach. Auf der Röntgenaufnahme war nichts mehr zu sehen.

Manchmal sollen uns Krankheiten auch auf einen neuen Weg im Leben führen – wenn wir nur die Botschaft verstehen.

Die Rückführungstherapie kann oft eine wesentliche Hilfe zur psychosomatischen Abklärung und Umkehr eines Krankheitsprozesses leisten, sofern der Zustand noch reversibel ist. Es dürften aber bedeutend mehr Zustände reversibel sein, als die Schulmedizin in der Regel annimmt und wie das Beispiel mit dem Hirntumor zeigt. Hier gibt es natürlich Grenzen. Ein verlorenes Bein wird nach einer Rückführung nicht wieder nachwachsen. Aber die Rückführung kann helfen herauszufinden, wie man am besten damit leben und diesen Umstand annehmen kann, statt mit seinem Schicksal zu hadern.

12 *Sind wir allein im Weltraum?*

In Rückführungen kommt es selten, aber doch immer wieder vor, dass sich Menschen in Welten erleben, die so gar nicht nach unserer Erde aussehen. Ist das nur ein fantasievolles Symbolerlebnis, oder sollte es doch noch andere Planeten geben, auf denen Menschen leben?

In der Rückführung wird niemand beeinflusst. Das Erlebnis wird so akzeptiert, wie es eben auftaucht und vom Klienten wahrgenommen wird. Wie in anderen Rückführungen auch, wird die Person in jener anderen Welt schließlich eine Form des Sterbens erleben, das heißt, sie wird auch dort einen Körper verlassen. Wir fragen den Helfer, was das für ein Erlebnis war. Hat die Person wirklich auf einem anderen Planeten gelebt? Der Helfer antwortet in den meisten Fällen mit Ja. Auf die Frage, wo dieser Planet sei, werden verschiedene Orte im Weltraum genannt: auf den Plejaden beispielsweise oder beim Stern Sirius. Letzteres erscheint auch deshalb nicht unrealistisch, da Astronomen bei Sirius zwei sehr große Planeten gesichtet haben.

Was ist nun von solchen Erlebnissen zu halten? Da diese Frage für viele besonders kontrovers erscheinen mag, möchte ich mich hier etwas näher damit befassen. In der Tat gibt es interessante Fakten, welche die Möglichkeit, dass auch andernorts in diesem Universum Menschen existieren, untermauern. Diese Fakten stammen nicht nur aus dem Bereich der Astronomie, sondern auch aus Religion und Geschichte.

Viele glauben, dass es nur auf dieser Erde Menschen beziehungsweise »intelligentes Leben in verkörperter Gestalt« geben könne. Die Schulastronomie schätzt heute, dass es im Kosmos in der Größenordnung von einer Quadrillion (10^{24} = eine Eins mit 24 Nullen) Sterne, also Sonnen gibt. Sie kennt auch bereits über 100 Planeten, wovon sich die meisten in anderen Sonnensystemen befinden.

Man hat geschätzt – und diese ist eine ältere Schätzung aus der Mitte der 80er-Jahre, die heute wahrscheinlich höher ausfallen würde –, dass es im Weltraum etwa 600 Millionen Planeten mit Voraussetzungen für biologisches Leben gibt, sagen wir grob eine Milliarde. Dabei beschränkt man sich auf Lebensformen, die sich unsere Schulwissenschaft vorstellen kann: dreidimensionale Wesen mit einer Biologie, die der unseren ähnelt, also auf Kohlen- und Sauerstoff basiert. Dass es etwa Lebensformen geben könnte, die auf Silizium und Stickstoff basieren oder Wesen, die Methangas atmen und in unserer Atmosphäre ersticken würden, ist hierbei noch nicht berücksichtigt. Auch wären mehrdimensional bewusste Lebewesen vorstellbar, also verkörperte Wesen, die mehr als drei Dimensionen wahrnehmen und nutzen. Erweitern wir also hier den Kreis der denkbaren Möglichkeiten, so steigt die Zahl der Planeten, die biologisches Leben beherbergen könnten, noch einmal beträchtlich.

Unsere Erde ist wie ein Sandkorn in der Wüste. Würde jemand behaupten, dass nur ein einziges Sandkorn Mikroben habe, aber alle anderen nicht, würde man ihn für einen Spinner halten. Und doch glauben sehr viele Menschen, dass wir auf der Erde die einzigen Bewohner des Weltalls seien. Allein vom Standpunkt der Logik ist das wirklich sehr unwahrscheinlich. Wenn mindestens eine Milliarde Planeten Leben haben *können*, dann liegt es nahe, dass vermutlich auf Hunderttausenden tatsächlich Lebewesen existieren, auch wenn es sich meistens um einfache Lebensformen handeln mag. Doch auch hier spricht die bloße Wahrscheinlichkeit dafür, dass einige, vielleicht ein paar Tausend, intelligentes Leben in einer menschenähnlichen Form beherbergen. Einige sind vielleicht eher wie unsere Steinzeitmenschen, andere haben durch technische

Entwicklung Zivilisationen aufgebaut. Davon dürften einige uns in ihrer technischen und wissenschaftlichen Entwicklung weit voraus sein. Etwas anderes wäre rein statistisch gesehen extrem unwahrscheinlich. Wir haben also theoretisch eine große Auswahl für das Reinkarnieren.

Ein Mann erlebte sich in einer Rückführung bei mir auf einem Planeten in den Plejaden. Er verfiel der Versuchung, Macht zu missbrauchen. Nach seinem Tod dort inkarnierte er nach einiger Zeit auf der Erde. Als wir den inneren Helfer fragten, weshalb dieser »Planetenwechsel« stattgefunden habe, antwortete dieser, dass er auf den Plejaden nicht mehr habe reinkarnieren dürfen. Aufgrund des entstandenen Karmas wurde er gewissermaßen auf die Erde verbannt …

In einem meiner Kurse erzählte einmal ein Mann von seinem Sohn. Als dieser fünf Jahre alt war, sagte er am Frühstückstisch plötzlich: »Den Papa kenne ich vom Raumschiff!« In einer Rückführung mit dem »Papa« bestätigte der innere Helfer diese Aussage. Beide sollen Mitglieder einer Forschungsexpedition von einer anderen Zivilisation her gewesen sein, die vor etwa 10000 Jahren Lebensformen auf der Erde studieren wollte. Sie hatten eine Bruchlandung, das Raumfahrzeug ging irreparabel kaputt; und sie hatten keine Möglichkeit mehr, nach Hause zurückzukehren, sondern mussten auf der Erde weiterleben, bis sie nach und nach starben. Danach jedoch reinkarnierten sie auf der Erde.

Erzählungen anderer Kulturen

In einigen alten Kulturen gibt es Erzählungen, die man als Besuche von Wesen aus anderen Zivilisationen verstehen könnte. Auch wenn Erich von Däniken in seinen Publikationen manchmal über das Ziel hinaus zu schießen scheint, ist es doch sein großer Verdienst, dass er entsprechende Rätsel unserer Vorgeschichte aufgegriffen und veröffentlicht hat. Auch erzählen zum Beispiel die Inkageschichten vom

Gott Viracocha, der von der Milchstraße kam und auch wieder dorthin zurückkehrte. Als ich im Januar 2003 in Peru war, kam ich mit einer weiteren Volkserzählung in Berührung. In uralten Zeiten solle ein feuriges Fahrzeug vom Himmel herabgekommen sein, aus dem Menschen mit Katzenaugen stiegen. Sie taten etwas mit den Erdenmenschen dort, und diese wurden daraufhin viel intelligenter. Sie richteten sich auf und begannen, eine Zivilisation zu bilden.

Eine andere wissenschaftlich bedeutsame Erzählung, die in diese Richtung deutet, ist die babylonische Schöpfungsgeschichte. Als man vor ungefähr 150 Jahren anfing, die Lehmtafeln mit Keilinschriften entziffern zu können, die uns aus dieser Kultur erhalten geblieben sind, wurde unter anderem eine Schöpfungsgeschichte entdeckt, die wie eine Vorlage zur biblischen erschien. Die Geschichte in der Bibel erscheint im Vergleich dazu wie eine hebräisierte Kurzfassung. Man braucht wohl nicht zu erwähnen, dass weder kirchliche noch rabbinische Theologen etwas von diesem Zusammenhang wissen möchten. Einige Ethnologen und Sprachwissenschaftler wie Eberhard Schrader und Alexander Heidel haben sich jedoch eingehend damit befasst. Sie weisen auf einige Bibelstellen hin, die sich offensichtlich mit der babylonischen Schöpfungsgeschichte mehr oder weniger decken.

In jener Schöpfungsgeschichte wird von vielen »Göttern« berichtet. Sie werden Anunnaki genannt und kommen von einer Welt namens Nibîru. Der umstrittene Verfasser und Forscher Zecharia Sitchin deutet diese Welt als einen anderen Planeten und hat darüber bisher neun Bücher geschrieben. Die Anunnaki hätten durch Aktivitäten, die er als genetische Eingriffe deutet, aus irdischen Lebensformen Menschen gemacht, indem sie »Lehm« mit ihrem eigenen »göttlichen Blut« vermischten. Das Keilschriftwort für Lehm kann etymologisch allerdings auch als etwas Weißliches und Schleimartiges aus einem biologischen Körper gedeutet werden. Meiner Nachprüfung – die babylonischen Texte sind heute alle in englischer Übersetzung zu finden – hielt diese alternative Deutung durchaus stand.

Biblische Rätsel

In der Bibel gibt es ein bekanntes Rätsel, das durch die babylonische Überlieferung geklärt werden könnte. Auch wenn sich Theologen mit Händen und Füßen dagegen wehren, ist die Bibel nicht so streng monotheistisch, wie man normalerweise annimmt. Es gibt in der Tat auch in der Bibel Spuren von »Göttern«, die von außerhalb unserer Erde kamen – sei es nun aus anderen Dimensionen oder von anderen Bereichen des Kosmos her.

Zunächst gibt es da den ersten Vers im 1. Buch Mose: »Am Anfang erschuf Gott den Himmel und die Erde.« Im Original steht, und das kann nicht geleugnet werden, das Wort »Gott« im Plural. *'Elohim* ist die Mehrzahlform von *'El* oder *'Eloha* = »Gott«. Das Wort für »Himmel« steht übrigens auch im Plural. So möchten einige den hebräischen Text *Bereshit bara 'Elohim et ha shamajim v'et ha aretz* eigentlich wie folgt übersetzen: »Am Anfang erschufen die Götter die Himmel und die Erde.« Allerdings steht das Verb für »erschaffen« im Singular. Nun kann man gemäß kabbalistischen Quellen das Wort *bereshit* auch als »der Anfängliche«, »der Ursprüngliche«, »derjenige, der zuerst war« auffassen. Das kleine Wort *et* kann als Akkusativpartikel verstanden werden, aber auch als »mit« übersetzt werden. Wählen wir das Letztere sowie die kabbalistische Erklärung des Wortes *bereshit*, gelangen wir zu folgender Übersetzung: »Der Ursprüngliche erschuf die Götter [zusammen] mit den Himmeln und mit der Erde.« Dieses an sich bekannte Rätsel wird in Kirche und Theologie gern unter den Teppich gekehrt.

Die übliche kirchliche und rabbinische Erklärung, dass es sich beim Wort *'Elohim* um einen Pluralis majestatis handele, dürfte eher eine Notlösung in einem theologischen Dilemma sein. Die Mehrzahl erscheint in einigen Bibelstellen wieder: »*Wir* wollen Menschen in *unserem* Abbild erschaffen« (1. Mos. 1,26) und Ähnliches.

Eine weitere rätselhafte biblische Geschichte erzählt von den »Kindern Gottes«: »Da sahen die Kinder Gottes die Töchter der Menschen, wie schön sie waren, und nahmen sich zu Weibern welche sie wollten.« (1. Mos. 6,2, vgl. 6,4) Auch hier steht im hebräischen Text *'Elohim*, also: »Die Kinder der Götter«. Es waren also offenbar keine Menschen. Diese »Kinder der Götter« werden im hebräischen Text *nephilim* genannt. Das Wort bedeutet genauer: »vom Himmel herabgestiegen«. Sitchin nennt sie Außerirdische. Vor dem Hintergrund der babylonischen Schöpfungsgeschichte macht dies nun durchaus Sinn.

In der Bibel ist etwas erwähnt, das »Cherub« genannt wird und der Beschreibung nach wie ein helikopterähnliches Flugzeug ausgesehen haben müsste (Hesekiel 1,4–28). Es wird auch berichtet, dass Jahweh mit so einem »Cherub« umherflog: »Er neigte den Himmel und fuhr herab, und dunkel war es unter seinen Füßen. Und er fuhr auf dem Cherub und flog daher, er schwebte auf den Flügeln des Windes«, (Psalter 18,10/11 – in anderer Zählung 17,10/11), »Wer fährt zum Himmel hinauf und herab? Wer fasst den Wind in seinen Händen?« (Sprüche 30,4), und »… du fährst auf den Wolken wie auf einem Wagen und gehst auf den Flügeln des Windes …« (Psalter 104,3 – in anderer Zählung: 103,3).

Neueste Entdeckungen

Innerhalb der letzten 20 Jahre wurden archäologische Entdeckungen gemacht (zum Beispiel in Ugarit, Kuntillet 'Agrud und Khirbet el-Qom), mit denen sich die religionsgeschichtliche Forschung heute eingehend befasst, die aber bis jetzt kaum an die Öffentlichkeit gelangt sind. Es handelt sich unter anderem um Inschriften auf Felsen, Steinen und Kultgegenständen, worin andere Götter erwähnt werden. Hierüber wurden und werden wissenschaftliche Arbeiten geschrieben und Fachkongresse abgehalten. Heute werden Dissertationen und wohl bald auch Habilitationsschriften darüber verfasst. Ein Ergebnis all dieser Arbeiten: Der Ursprung der hebräischen Religion war polytheistisch – man glaubte an mehrere Götter! Jahweh, ein Kriegsgott der Sinaiten, war der Sohn von 'El 'Elyon, der in jenen Inschriften als der höchste Gott bezeichnet wird ('Elyon = »der Höchste«) und hatte eine Gefährtin namens Asherah, eine Göttin also. Der patriarchalische Monotheismus entstand erst im Exil – anfänglich zu der Zeit des Auszugs aus Ägypten – und festigte sich dann später im babylonischen Exil. Dieser ursprüngliche Pantheon passt prinzipiell mit den babylonischen Lehmtafeln zusammen und stützt die zunächst ketzerisch anmutende Annahme, dass an gewissen Stellen in der Bibel tatsächlich von »Göttern« die Rede sein könnte, dass aber durch ein späteres Dogma – das besonders im 5. Buch Mose hervortritt – eine monotheistische Anschauung durchgesetzt wurde.

Die Geschichten der Babylonier und anderer Völker und zum Teil selbst die christliche Bibel deuten also auf die Möglichkeit außerirdischer Einflüsse auf unsere Erde und ihre Bewohner hin. Diese könnten sich als »Götter« ausgegeben haben, um sich ihre Macht auf der Erde zu sichern. Das ändert natürlich nichts daran, dass es einen höchsten Schöpfergott gibt. Denn über diesen »Göttern« stand und steht der wahre Gott, der Schöpfer des Alls, von dem wir scheinbar nichts wissen sollten. Die außerirdischen Wesen gaben sich als unsere Schöpfer aus, obwohl sie vermutlich kaum mehr getan haben, als bereits bestehende Lebensformen zu manipulieren. Sie ließen Religionen entstehen, die uns von einer höheren Wahrheit abschirmen sollten. Dann werden wohl viele von ihnen als Menschen inkarniert haben müssen, um ihr Karma auf der Erde zu absolvieren.

Und dann wäre es wohl genauso gut denkbar, dass manche von uns frühere Inkarnationen auf anderen Himmelskörpern verbracht haben.

Diese höchst kontroversen Anschauungen, die in der Literatur umfassend von Fakten gestützt und teilweise eindeutig belegt sind, sollen natürlich nicht bedeuten, dass es keine wirklichen Götter und keinen höchsten Urschöpfer gäbe. Sie sollen nicht zum Atheismus animieren, sondern nur zur Nachdenklichkeit. Sie wenden sich gegen die Leichtgläubigkeit dem gegenüber, was uns von Dogmen und Glaubensvorschriften serviert wird. Es gibt eine Menge von Rätseln in der Bibel und in den Religionen, die für gewöhnlich unter den Teppich gekehrt werden, weil die entsprechenden Fragen Dogmatikern zu heikel sind. Sollten uns wirklich Außerirdische besucht haben und in das Leben unseres Planeten eingegriffen haben, ist es nur logisch, dass sie von Erdenmenschen für »Götter« gehalten wurden. Ähnlich wurden ja Europäer beispielsweise von den Indianervölkern Amerikas teilweise für »Götter« gehalten und entsprechend wohlwollend empfangen, als sie dort landeten, bis man ihre wahren, finsteren Vorhaben erkannte. Ein Teil der Geschichte vieler oder gar aller Religionen könnte dadurch beeinflusst sein. Gerade die babylonische Schöpfungsgeschichte erweckt diesen Eindruck, und der Zusammenhang der Bibel mit jener Geschichte ist von Ethnologen und Sprachforschern wissenschaftlich belegt, wird jedoch als zu unbequeme Tatsache kaum zur Kenntnis genommen.

13 *Was war vor der ersten Inkarnation?*

Nach der gnostischen Lehre waren wir, bevor wir das erste Mal in einen menschlichen Körper inkarnierten, Wesen einer göttlichen Lichtwelt. Interessanterweise wird dies durch Rückführungserlebnisse bestätigt. Wir können den inneren Helfer bitten, uns eine Szene aus der ersten Verkörperung der Person zu zeigen. Sie geht in den Körper hinein, den sie dort hatte, und ich sage: »Geh nun zurück zu dem Zeitpunkt kurz nach der Geburt.« Mein Klient erlebt sich nun in jener Inkarnation als neugeborenes Kind. Ich sage dann: »Geh nun ein Jahr weiter zurück.« Ein Jahr ist mehr als neun Monate, also sind wir in dem Zustand, in dem die Seele vor der ersten Inkarnation war. Es ist bemerkenswert, dass solche Erlebnisse in dem Sinne eine hohe Reproduzierbarkeit haben, dass alle es sehr ähnlich erleben. Das ist noch kein Beweis, aber ein starkes Indiz dafür, dass es wirklich so gewesen sein dürfte.

Die Person erlebt sich nun als Wesen ohne physischen Körper. Das ist für dieses Wesen der Normalzustand, denn es hat ja noch nie einen physischen Körper besessen. Es sieht die Menschen auf der Erde und weiß, dass es bald selbst so ein Mensch sein wird. Spannend! Es fühlt sich oft wie ein Kind vor dem ersten Schultag, das glaubt, es würde großen Spaß machen. Nach der ersten Inkarnation haben die meisten aber keine so große Lust mehr, wieder zu inkarnieren, so wie den meisten Kindern auch bald die Lust auf die Schule vergeht. Doch befindet man sich nun in einem Prozess, aus dem man nicht einfach so wieder aussteigen kann.

Es scheint, dass das Lichtwesen, das zum ersten Mal in unsere materielle Welt inkarniert, einige Zeit, bevor es in den Mutterleib hineingeht, in seiner immateriellen Gestalt eine Form ausbildet, die derjenigen des physischen menschlichen Leibes ähnlich ist. In der Lichtwelt scheinen wir eine andere Gestalt zu haben, die manchmal als »rund« und eher »kugelförmig« beschrieben wird. Vor dem Inkarnieren entstehen auch in jenem »geistigen Leib« Gebilde wie Arme und Beine. Interessanterweise hat Origenes behauptet, dass Geistwesen eine eher rundliche Gestalt haben. Diese Behauptung wurde – neben anderen – in den Bannflüchen gegen seine Lehre (vgl. Kapitel 16) im 6. Jahrhundert als »Irrmeinung« verurteilt.

Aus dem Licht

»Wo kommst du her?«, frage ich. »Aus einem großem Licht.« – »Und wie war es in diesem Licht?« Nun findet die Person in der Regel nicht gleich die richtigen Worte, denn die Harmonie, die Einheit dort lässt sich in unserer Sprache nicht so leicht ausdrücken. Es ist ein Einssein mit allen Wesen, worin man aber doch eine eigene Individualität besitzt. Es gibt keine Sprache, denn man versteht sich wie telepathisch und braucht keine solche »Verständigungskrücke«. Deshalb fühlt man auch mit den anderen mit. »Warum bist du denn da herausgegangen?« – »Ich soll durch diese Erfahrung gehen, dann darf ich später einmal wieder zurück.« – »*Wie* bist du da herausgekommen?«

Manche berichten nun, dass sie wie sanft herausgeschoben wurden, andere, dass sie auf einmal draußen waren und nicht so recht wussten, wie das geschehen ist. Eine Klientin sagte einmal: »Ich war neugierig und ging hinaus, um zu sehen, was dort ist. Dann konnte ich nicht mehr zurück.«

Eine andere Klientin ging sogar spontan zu diesem Zustand vor dem Anfang des Reinkarnierens zurück. Dieses Erlebnis war für sie sehr hilfreich, da sie ihr Gottvertrauen verloren hatte. Ihr wurde nun klar, dass ihr wahres Zuhause in der Lichtwelt ist und dass sie eines Tages wieder dorthin zurückgehen wird. So fand sie ihr Vertrauen in Gott wieder.

Inkarnieren wir auch in andere Lebensformen?

Manchmal hört man den Einwand, dass wir anderen Lehren zufolge vor dem Menschwerden Tiere, davor Pflanzen und ursprünglich Mineralien waren. So wird es angeblich in manchen Rückführungen erlebt. Der bekannte Psychiater Stanislav Grof beispielsweise berichtet über solche Erlebnisse in Rückgängen unter Einfluss von LSD. Wie passt das mit dem oben Geschilderten zusammen? Ich vermute, dass wir zwei »Erinnerungsspuren« zurückverfolgen können. Die eine hat mit einer »biologischen Erinnerung« in uns zu tun und führt zu Erlebnissen wie den von Grof geschilderten. Es gibt in unserer Biologie offensichtlich eine Art entwicklungsgeschichtliches Gedächtnis vormenschlicher Lebensformen. Verfolgen wir diese Spur zurück, gelangen wir zu entsprechenden Erlebnissen. Wir haben aber auch eine Seele, die mit diesem Körper Erfahrungen macht. Diese scheint in den meisten Fällen erst in einer menschlichen Inkarnation hinzugekommen zu sein. Das bedeutet zwar nicht, dass Tiere und Pflanzen keine Seelen hätten, aber scheinbar andersartige. Verfolgen wir die seelische Spur zurück, gelangen wir zu Erlebnissen wie oben geschildert.

Es gibt auch ungewöhnlichere Fälle, in welchen die Person dem geschilderten Erlebnis nach vor dem ersten Menschsein etwas anderes war – vielleicht ein Tier, aber scheinbar öfter dann eine andere Art von Geistwesen als eines aus der Lichtwelt. In ein paar wenigen Fällen berichteten Personen, vorher so etwas wie ein Naturgeist gewesen zu sein, wie eine Elfe oder ein Gnom.

Eine Frau erlebte sich in ihrer ersten Inkarnation als ein kleines Mädchen. Sie sah immer die Naturwesen und wollte mit ihnen spielen. Diese sagten aber: »Geh weg! Du gehörst nicht mehr zu uns!« und da war sie sehr traurig. Der Helfer sagte, sie sei vor dem Menschwerden selbst so ein Naturwesen gewesen.

Ebenso selten wie mit dieser Technik – die eher eine seelische als eine biologische Spur zurückzuverfolgen scheint – vor dem ersten Menschwerden ein Leben als Tier erlebt wird, kommt es vor, dass sich jemand zwischen zwei Leben als Mensch als ein Tier erlebt. Es wird zwar in den östlichen Lehren behauptet, dass man öfter ein Tier oder eine Pflanze gewesen sei als ein Mensch. Im tibetischen Buddhismus wird deshalb betont, dass man diese verhältnismäßig seltene Gelegenheit des Menschseins gut nutzen solle … Die Rückführungserlebnisse bestätigen solche Aussagen jedoch nicht. Mein Eindruck ist, dass die Seele eines Menschen zwar zwischen zwei menschlichen Verkörperungen eine Erfahrung als Tier haben kann, aber dass dies eine eher seltene Ausnahme ist.

Ein Beispiel solch seltener Erfahrungen aus meiner Praxis ist das folgende. Eine Frau erlebte sich als einen weiblichen schwarzen Panther in Afrika. Nachdem Sie sich mit einem männlichen Panther gepaart hatte, bekam sie sechs kleine Pantherbabys, für die sie auf die Jagd ging. Eines Tages wurde sie in einer Falle gefangen und nachher in eine Art Zoo gebracht, wo sie in einem Käfig leben musste. Sie wollte so jedoch nicht leben, weigerte sich zu fressen und zu trinken und starb schließlich. Sie beschrieb, wie sie dann wie ein Ei aus dem Maul des Panthers rollte. Das Ei brach auf und die Seele stieg empor.

Ich stellte mit gewissen inneren Zweifeln natürlich Fragen zu diesem Erlebnis, als die Klientin in der Sitzung beim inneren Helfer war. Der Helfer bestätigte, dass sie jener Panther gewesen sei. Warum musste sie diese Erfahrung machen? Darauf kam die Antwort der Klientin: »Ich war vorher ein gelehrter Mann und lebte völlig kopflastig nur aus meinem Intellekt. Ich war von Intuition und Gefühl völlig abgeschnitten. Ich hatte es nötig, ein Leben zu erfahren, in dem es keinen Intellekt, sondern nur Intuition und Gefühle gibt, um auch das kennen zu lernen.« Das leuchtet eigentlich ein.

14 *Walk-In*

Oft passiert es nicht, aber es gibt Fälle, in denen es zu einem Seelenaustausch kommt. Dies wird dann möglich, wenn jemand vorübergehend klinisch tot ist und die Seele bereits den Körper verlassen hat. Wenn dann der Körper wieder aufwacht, kann in seltenen Fällen eine neue Seele den Körper übernommen haben. Dies hat nichts mit Besessenheit zu tun, denn die andere Seele ist ja nicht mehr da. Man hat hier den englischen Begriff *walk-in* übernommen, was so viel heißt wie »Hineingegangener«. Es gibt sehr wenig Literatur über solche Fälle. Es scheint sich hier jedoch meistens um ziemlich hoch entwickelte Seelen zu handeln, die auf diese Weise eine »Abkürzung« nehmen. Indem sie einen gerade »frei gewordenen« erwachsenen Körper übernehmen, sparen sie 20 Jahre oder mehr, die sie sonst für das Aufwachsen benötigt hätten. Auf diese Weise können sie ziemlich schnell die Aufgabe in Angriff nehmen, für die sie gekommen sind.

Die amerikanische Autorin Ruth Montgomery schreibt: »Walk-Ins sind idealistische, aber keine perfekten Seelen, die durch spirituelles Wachstum in früheren Inkarnationen das Recht erworben haben, bereits verlassene Körper zu übernehmen, wenn es ihr oberstes Ziel ist, der Menschheit zu helfen. Die Seele, die vorher in jenem Körper war, hat sie dann gerade verlassen, da sie den Lebensfunken nicht mehr aufrechterhalten konnte oder weil sie wirklich gehen wollte.«

Es handelt sich jedoch bei Walk-Ins nicht immer um außergewöhnlich hoch entwickelte Seelen; es kann auch eine »ganz normale« Seele sein, die einen Körper übernimmt. Bryan Jameison erzählte von einem sonderbaren Fall. Zu ihm kam eines Tages in San

Diego ein homosexueller Mann und sagte, er befinde sich im falschen Körper. Er sei in Wirklichkeit kein Mann, sondern eine Frau, und er habe eine große Sehnsucht danach, ein Kind in seinem Bauch zu haben. Die Situation war für ihn ziemlich frustrierend. In der Rückführung erlebte er sich als eine junge Frau in Frankreich, die schwanger wurde und daraufhin den Vater des Kindes heiratete. Auf der Hochzeitsreise liebten sie sich in einem Boot auf einem See, offenbar recht wild, denn das Boot kenterte und die Frau ertrank mit dem Kind im Bauch. Nur Minuten später zog man in den USA einen Jungen aus dem Wasser, der ertrunken war. Allem Anschein nach war er tot, aber man machte trotzdem Wiederbelebungsversuche. Wider Erwarten wachte er wieder auf. Nun war aber die Seele jener jungen Frau in seinem Körper, die andere Seele war schon weg. Die Seele der schwangeren Frau hatte verzweifelt einen – eigentlich ihren – Körper im Wasser gesucht, um in ihn zurückzukehren, erwischte aber den falschen. (Die geografische Distanz wird im Seelenzustand kaum bemerkt.) Jener Junge wuchs dann zum Mann heran mit dem frustrierenden Gefühl, eine Frau im falschen Körper zu sein.

Ich selbst hatte nur einen einzigen Fall, bei dem es sich meiner Meinung nach um einen Walk-In gehandelt haben dürfte, allerdings war es hier in der Tat offensichtlich eine höher entwickelte Seele. Ein Mann kam auf mich zu, um mir seine Geschichte zu erzählen. Es sei ihm etwas Merkwürdiges geschehen, das er nicht verstand. Es sei schon schön, aber er wolle es auch verstehen. Viele Jahre seines Lebens war er ein ziemlich unangenehmer Typ gewesen, der sich oft betrank und den andere eher mieden. Eines Nachts kam er wieder einmal betrunken nach Hause und ließ sich ins Bett fallen. Am nächsten Morgen wachte er auf und war ein ganz anderer Mensch. Seit jener Nacht betrank er sich nie wieder. Auch hatte er nun eine ganz andere Ausstrahlung. Die Menschen fühlten sich nunmehr von ihm angezogen und kamen auf ihn zu, oft, um ihm ihr Herz auszuschütten. Was war geschehen?

Ich führte ihn einige Zeit später zur Begegnung mit seinem höheren Selbst. Dieses sagte, es sei zu früh, um Fragen zu jenem Geschehen zu stellen, da es erst wenige Monate zurücklag. Diese Aussage respektierten wir. Es gab aber einiges in der Begegnung mit dem höheren Selbst, das den Eindruck erweckte, dass es sich hier tatsächlich um einen Walk-In handelte. Hierzu gehörte die Reaktion meines Klienten, als er für die Begegnung mit dem höheren Selbst oben am Himmel schwebte, wo dieses hinter einer Wolke hervorschaute. Er selbst schaute auf die Erde hinunter und sagte: »Wie schrecklich! In diesen Dreck soll ich hinunter? Zu jenen Menschen, die so übel leben …« Er meinte die Lebensumstände der Umwelt, in die er hineingehen sollte. Die frühere Seele wird in jener Nacht den Körper verlassen und die neue Seele wird ihn übernommen haben.

Der Vorgang des Walk-In scheint nicht ohne Einverständnis derjenigen Seele vonstatten zu gehen, die weggeht und den Körper sozusagen der anderen Seele überlässt. Die neue Seele betritt also den Körper mit deren Erlaubnis; die andere will ihn nicht mehr haben. So beschreibt es der Walk-In Joseph A. Madera selbst in seinem Buch *Morning Star*. Er war 1985 im Badezimmer bewusstlos geworden, hat es danach aber noch zurück zu seinem Bett geschafft. Am nächsten Morgen nach dem Aufwachen lag er im Bett mit dem Gefühl, an einem fremden Ort zu sein, empfand aber doch eine innere Ruhe. Es stellte sich eine innere Blutung ein und er wurde ins Krankenhaus gebracht, wo sich sein Zustand stabilisierte. Sein Leben ging weiter, aber mit dem sonderbaren Gefühl, nicht derjenige zu sein, der im Badezimmer bewusstlos geworden war. Es entwickelten sich spirituelle Interessen, die er vorher kaum gehabt hatte. Dadurch kam er in Kontakt mit einem Reinkarnationstherapeuten und entdeckte in der Rückführung, dass er seit jenem Ereignis im Badezimmer eine neue Seele im gleichen Körper war. Er gab seine Arbeit als Programmierer auf, begann eine Tätigkeit in einem Pflegeheim und widmete sich von da an Menschen, die als unheilbar krank gelten.

Unbewusster Wechsel

Der Walk-In weiß im bewussten Ich nichts von diesem Seelenwechsel, denn dieses Ich identifiziert sich über das Gedächtnis, das im Gehirn gespeichert ist und die Lebensgeschichte dieses Menschen vor dem Klinisch-tot-Sein enthält. Alles andere ist ihm nicht bewusst. Der Walk-In erlebt sich aber als ganz anders als vorher. Er hat nun völlig andere Interessen, ist oft ein spirituellerer Mensch als zuvor und kann nicht verstehen, dass er vorher so leben konnte wie er es tat. Ist er verheiratet, geht vielleicht die Ehe auseinander, denn es sind ja nun nicht mehr die Seelen zusammen, die sich einmal ineinander verliebt haben, sondern nur noch die Körper. Es ist natürlich auch möglich, dass die Ehe auf einmal besser wird …

Seele – Körper – Persönlichkeit

Fälle wie die hier beschriebenen beleuchten auch den Zusammenhang zwischen der Seele und dem Körper und der Persönlichkeit, die sich darin herausbildet. Es ist ein menschlicher Grundirrtum, sich mit dem Körper zu identifizieren. Wir *sind* nicht unser Körper, wir *haben* ihn, weil wir als Seele ihn als Vehikel in der materiellen Welt brauchen. Das Sein jedoch hat mit der Seele zu tun und nicht mit dem Körper. Wir meinen ja auch nicht, das Auto zu sein, das wir fahren. Ich bin der Fahrer, der das Auto gebraucht. Genauso gebraucht die Seele den Körper. Nur ist das Seelenbewusstsein unbewusst geworden, und es hat sich ein körperbezogenes, egohaftes bewusstes Ich entwickelt, das alles besser wissen, vom Seelenbewusstsein aber nichts wissen will. Das körperbezogene Bewusstsein ist im Gehirn zu Hause und dessen Erinnerungen werden nach dem Tod ins Seelenbewusstsein übertragen (siehe dazu auch Kapitel 6). So lebt der Walk-In nach dem Seelenwechsel aus der im Gehirn gespeicherten Erinnerung und ist sich des Seelenwechsels nicht oder kaum bewusst. Die Lebenserinnerungen wurden natürlich auf die Seele übertragen, die wegging, blieb aber auch wie eine Kopie im Gehirn zurück.

Wie entsteht unsere »Persönlichkeit«? Diese bildet sich zu einem großen Teil auf der Grundlage dessen heraus, was die Seele ins körperliche Leben mitbringt. Die Seele wirkt dauernd durch unbewusste Impulse auf das bewusste Ich ein, beispielsweise durch Gefühle und die Intuition – auch wenn wir auf letztere oft nicht hören wollen. Es ist ja in der Psychologie gut bekannt, wie stark wir vom Unbewussten beeinflusst und zum Teil sogar gesteuert werden. Verdrängte Kindheitserlebnisse haben oft noch mehr Einfluss auf unser Leben als Erinnerungen, die uns bewusst sind. Ähnlich verhält es sich mit in dieses Leben mitgebrachten Seelenerinnerungen und Persönlichkeitsmerkmalen, wie zum Beispiel Begabungen, Interessen und Neigungen.

Der Walk-In bringt nun natürlich neue Einflüsse auf das bewusste Ich mit. Die Persönlichkeit verändert sich, der Betreffende hat nun plötzlich andere Interessen und entdeckt vielleicht Fähigkeiten, die ihm vorher nicht »bewusst« waren – einfach weil er sie zuvor nicht hatte, denn sie gehörten nun einmal nicht zu der Seele, die vorher in diesem Körper war.

Es ist klar, dass die Persönlichkeit auch von der Erziehung und den Lebenserfahrungen beeinflusst wird, aber dies ist nur ein Teil dessen, was einen Menschen letztlich formt. Hierzu können unter Umständen auch erbliche Merkmale gehören, die durch die DNS festgelegt sind – und nicht durch die Seele. Allerdings wählt eine Seele in vielen Fällen einen Körper mit bestimmten erblichen Merkmalen aus, da diese für die angestrebte Lektion oder Aufgabe wichtig sein können.

15 *Störende Seelen und Wesenheiten*

Nicht selten entdecken wir in der Rückführung, dass der Klient noch eine andere Seele bei sich hat. Hier handelt es sich also um etwas anderes als das in Kapitel 14 beschriebene seltene Phänomen des Walk-In, denn die »körpereigene« Seele ist ja unverändert da. Doch eine andere, eine fremde Seele hat sich an die Person »angehängt«.

Warum tut eine Seele so etwas? Normalerweise geht sie ja nach dem Tod in die Lichtwelt ein. Es gibt jedoch Seelen, die das nicht wagen. Ein typischer Fall ist der hartnäckige Materialist, der nichts von so einem »Unsinn« wie einem Leben nach dem Tod hören will. »So ein Blödsinn! Wenn ich tot bin, dann gibt es mich einfach nicht mehr.« Eines Tages stirbt er, und seine Seele verlässt den Körper. Nun schwebt er und schaut fassungslos auf den toten Leib hinunter. Das kann ja gar nicht sein! Das ist doch nicht möglich! Nun begreift er gar nichts mehr ... Er bemerkt vielleicht, dass es ihn zu einem großen Licht hinzieht, und denkt: »Wenn ich dorthin gehe, ist es dann wahrscheinlich doch endgültig aus mit mir. Ich verstehe zwar nicht, dass ich noch existiere, aber da es so ist, muss ich versuchen, in diesem Zustand zu bleiben!« Und das geht viel leichter, wenn er sich an einen lebendigen Körper klammert. Außerdem merkt er mit der Zeit, dass er, um diesen Zustand aufrechtzuerhalten, Lebensenergie braucht, die er von seinem »Wirt« nehmen kann. Dies geschieht nicht aus Böswilligkeit, sondern weil er keine andere Möglichkeit sieht. Er will ja eigentlich nicht stören, sondern sucht eher Zuflucht, weil er in seinem neuen für ihn unbegreiflichen Zustand verwirrt und verängstigt ist.

Ein anderer Fall, den ich in meiner Praxis erlebt habe, ist der des kirchengläubigen Christen, der an das Märchen von der ewigen

Verdammnis und von der Hölle glaubt. Diese kirchlichen Horrorgeschichten stehen ja in krassem Widerspruch zur Liebe Gottes. Aber er glaubt nun einmal daran. Es zieht ihn zum Licht hin, aber er schaut noch auf das Leben zurück, das hinter ihm liegt. Oh je, da ist doch einiges schief gelaufen! Er hat sich manche Dinge geleistet, die er vielleicht besser nicht hätte tun sollen, womöglich sogar ein paar ziemlich ungute Dinge. Nun denkt er: »Wenn ich ins Licht gehe, schicken sie mich vielleicht in die Hölle. Da versuche ich lieber hier zu bleiben!« Und so klammert er sich an einen Körper, der noch am Leben ist. Einige Seelen nehmen nicht einmal das Licht wahr, da sie davon nichts (mehr) wissen und es deshalb auch nicht erwarten.

Symptome und Phänomene

Wer eine fremde Seele bei sich hat, der kann an sich selbst oft bestimmte Symptome beobachten. Man hat vermutlich manchmal das Gefühl, dass einem die eigenen Energien nicht mehr ganz zur Verfügung stehen. Das kommt daher, dass die andere Seele auch Lebensenergie braucht und keinen anderen Weg sieht als diese vom »Wirt« zu nehmen. Es kann auch vorkommen, dass man den Impuls verspürt, etwas zu tun, was man eigentlich gar nicht tun möchte. Solche Impulse kommen meistens von der anderen Seele, die auch noch einen eigenen Willen hat, den sie gern durchsetzen würde. Alkoholiker und Drogensüchtige dürften oft Seelen von verstorbenen Süchtigen bei sich haben, die nun versuchen, das Rauschgefühl durch den »Wirt« wieder zu erleben. Das gelingt in der Regel nicht besonders gut, aber sie versuchen es dennoch. Es kommt sogar vor, dass die Person, an die sich eine Seele klammert, manchmal eine Stimme hört – die Seele versucht zu ihr zu sprechen. Der Betreffende mag dann womöglich an seinem Verstand zweifeln. Selten einmal versteht er, worum es geht, wenn er eine solche Stimme hört. Eine Frau kam vor vielen Jahren zu mir und sagte: »Mein Vater ist bei mir! Ich rede ihm zu und sage, dass er ins Licht gehen soll, aber er will nicht. Mein verstorbener Bruder war auch bei mir, aber er ist schon ins Licht gegangen.« Sie legte sich hin und sagte: »Nun sagt mein Vater: ›Steh auf! Geh nach Hause! Hör nicht auf ihn!‹« Aber die Frau blieb und ich sprach nun durch sie mit dem Vater und fragte, ob er nicht verstehe, dass er auf diese Weise ins Leben seiner Tochter eingreife und damit auch ein Stück Schuld auf sich nehme. »Ja, aber es geht mir so gut bei ihr! Und mit ihr kann ich fernsehen …« Der Vater war ein wenig unwirsch und wollte nicht so recht mit sich sprechen lassen. Auf einmal sagte er dann zu seiner Tochter: »Deinen Bruder hast du umgebracht!« – »Wieso?« – »Ihn hast du ins Licht geschickt. Jetzt ist er wirklich tot!« Ich schlug dann vor, zu versuchen, den Bruder zu rufen. Tatsächlich erschien seine Seele und forderte den Vater auf, mit ihm ins Licht zu kommen. Dort sei es ja so viel schöner und hier zu bleiben hätte wirklich keinen Sinn. Nun wurde der Vater nachdenklich und begann Fragen über das Leben nach dem Tod zu stellen. Aber er wollte trotzdem noch nicht gehen. Zwei Wochen später kam die Frau noch einmal zu mir und wir setzten das Gespräch mit dem Vater fort. Nun war er endlich bereit, ins Licht zu gehen. Der innere Helfer bestätigte, dass er tatsächlich gegangen sei. Dies ist nicht unwichtig, da es sonst vorkommen kann, dass die Seele »schummelt« und nachher einfach wieder zurückkommt.

Wie man hier sieht, handelt es sich bei solchen »störenden Seelen« nicht unbedingt um Fremde, sondern oft auch um Angehörige. Es kommt sehr selten vor, dass sie einem wirklich Übles wollen. Wenn es aber so ist, will sich vielleicht jemand nach dem Tode für etwas rächen, oder er will etwas verhindern. Eine Frau beispielsweise wurde sehr von der Seele ihres verstorbenen Vaters belästigt, da er strikt dagegen war, dass sie sein Haus verkaufte. Er hat sie regelrecht terrorisiert. Er konnte Klopfgeräusche an der Wand oder an Gegenständen erzeugen und sogar das Telefon zum Klingeln bringen – und das oft mitten in der Nacht. Wenn sie abhob, war niemand da. Es gelang uns, seine Seele ins Licht zu führen. Kurz danach bekam ich von der Klientin eine Postkarte, auf der dick unterstrichen stand: »Der Telefonterror hat aufgehört!«

Ein leider auch nicht so selten auftretender Fall ist jener der besitzergreifenden Mutter, die schon zu Lebzeiten immer besser wusste, was der Sohn (oder die Tochter) tun und lassen solle. Nun ist sie tot und versucht es immer noch. Sie hat sich an ihn gehängt und »meint es nur gut«, aber in Wirklichkeit ist es sehr egoistisch, was sie da tut. Hier ist es mehr als überfällig, dass die »Nabelschnur« endlich durchtrennt und die Mutter ins Licht geführt wird.

Nicht übermäßig trauern!

Durch übermäßige Trauer über den Tod eines geliebten Menschen können wir eine Seele festhalten. Trauer ist natürlich und notwendig und man muss in jedem Fall nach einem schweren Verlust eine Trauerphase durchleben – aber man darf nicht zu lange darin hängen bleiben, sondern irgendwann ist es an der Zeit, den anderen loszulassen. Das heißt keinesfalls, dass man die geliebte Person nicht in seinem Herzen behalten sollte. Doch das Leben geht weiter und ebenso geht der Verstorbene im Jenseits weiter seinen Weg. Und dafür muss er frei sein.

In einer Rückführungssitzung begegnete eine Frau der Seele ihres verstorbenen Ehemanns. Er sagte ihr: »Du lässt mich ja nicht gehen! Hör endlich auf zu trauern, sodass ich gehen kann!«

Dieses Thema findet sich in diesem Kapitel, da auch die – durch sehr starke Trauer forcierte – Anwesenheit der Seele einer geliebten Person für den Trauernden »störend« ist; sie sollte nicht oder nur vorübergehend sein. Es ist unvermeidlich, dass diese Seele, ob sie will oder nicht, den »Wirt« mit ihren Gedanken, Gefühlen und eventuell anderen subjektiven Meinungen zu bestimmten Dingen beeinflusst. Auch wird sie, wie bereits gesagt, keine andere Möglichkeit haben, als die Lebensenergie, die sie braucht, vom Wirt zu nehmen. In der Lichtwelt stehen ihr unbegrenzte Mengen von

Energie frei zur Verfügung. Dort erreicht sie auch einen anderen Bewusstseinszustand, in dem sie viele Dinge anders sieht als in dem noch »irdischen« und eher egohaften Bewusstseinszustand der Verkörperung.

Übermäßige Trauer bindet – wie auch viele esoterische Lehren besagen – jene Seele an uns. Wir bleiben dadurch miteinander verstrickt. Dies kann auch für jene Seele ziemlich unangenehm werden, und wir tun ihr wirklich nichts Gutes, indem wir sie festhalten. Wenn wir sie sogar festhalten *möchten*, ungeachtet dessen, ob sie das will oder nicht, ist dies eine sehr egoistische Haltung.

Dunkle Wesenheiten

Ich habe eine ganze Reihe von Fällen gehabt, in denen eine Seele, die nicht ins Licht gehen wollte oder konnte, sich an einen noch lebenden Menschen klammerte. Im Laufe der Jahre habe ich ein bestimmtes Vorgehen entwickelt, um damit umzugehen, und konnte damit praktisch immer erreichen, dass die Seele des Verstorbenen doch noch den Weg ins Licht fand beziehungsweise ihn freiwillig einschlug.

Schwieriger ist es aber manchmal, wenn es sich nicht um eine Seele handelt, sondern um eine dunkle Wesenheit, die noch nicht inkarniert war. Wo kommt diese her? In Kapitel 6 wurde die gnostische Lehre erwähnt, wonach es unter der Ebene der Menschen eine weitere Ebene gibt: die der Dämonen und Widersacher. Daher kommt sie offenbar. Solche Wesenheiten wollen Macht ausüben und sich an einer Person nähren; sie haben Freude daran, wenn es ihnen gelingt, einen Menschen zu etwas zu bringen, was er gar nicht will, und sie wollen besonders negative Gefühle schüren, wie Angst, Wut oder Hass. Sie suchen sich daher Menschen, die ohnehin starke negative Gefühle haben und entsprechende negative Energien freisetzen, die jene Wesen verstärken und immer wieder anfachen können, um sich von ihnen zu ernähren.

Wenn es um solche Wesenheiten geht, habe ich lange mit gutem Erfolg nach einem Vorgehen des amerikanischen Reinkarnationstherapeuten William Baldwin (1937–2004) gearbeitet. Gemäß Baldwin reden die Mächte der Dunkelheit jenen dunklen Wesen ein, dass sie nur in Dunkelheit existieren könnten; das Licht sei gefährlich, es würde sie verbrennen und vernichten. In der Rückführungssitzung zeigen wir dem Wesen, dass dies ein Irrtum ist. Es kann sich davon überzeugen, dass das Licht nicht nur ungefährlich, sondern sogar gut ist. Das Wesen wird dann hoffentlich bereit sein, ins Licht zu gehen.

Später fand ich einen eigenen Weg, mit diesen Wesenheiten zu arbeiten, mit dem ich jedoch an Baldwins Vorgehen anknüpfte. Die Idee entstand eigentlich in einem Gespräch, das ich durch einen Klienten mit einer Seele – also nicht mit einer Wesenheit – führte, die zunächst nicht ins Licht gehen wollte. Ich fragte sie, ob sie sich erinnern könne, dass sie vorher in einem Körper war. »Ja, natürlich!« Ob sie sich dann an ihre Geburt erinnern könne. Nach etwas Zögern sagte sie »Ja«. Als Seele konnte sie das. »Kannst du dich dann auch an die Zeit im Mutterleib erinnern?« Nach noch etwas längerem Zögern – sie musste wohl erst nachdenken: »Ja!« – »Woher kamst du denn da hinein?« Sie zögerte erneut eine Weile, antwortete dann aber: »… da war ich ja schon im Licht!« Nun hatte sie gar nichts mehr dagegen, wieder ins Licht zu gehen.

Dann kam mir einmal im Gespräch mit einer Wesenheit die Idee, es ähnlich zu tun. Ob sie sich an die Zeit in der Lichtwelt vor dem »Fall« erinnern könne? Sie konnte es! Es entstand das im Folgenden kurz beschriebene Vorgehen.

Mit Engelhilfe

Bevor wir uns auf das Gespräch mit der dunklen Wesenheit weiter einlassen, holen wir Hilfe aus der Engelwelt her: Was heißt das? So wie es dunkle Wesen gibt, gibt es auch Lichtwesen. Wir waren selbst einmal solche, bevor wir zum ersten Mal inkarnierten. Nach der bereits genannten gnostischen Lehre entstand zwischen uns und der göttlichen Lichtwelt eine Engelhierarchie. Mit »Engel« sind Lichtwesen gemeint, die der göttlichen Lichtwelt nahe stehen oder sogar noch in ihr sind und die uns Menschen gegenüber wohlwollend und helfend sind.

Wenn nun eine dunkle Wesenheit da ist, gehe ich heute ähnlich vor wie im Falle jener Seele, die erst nicht ins Licht gehen wollte. Wir bitten den Helfer, einen Engel aus der Lichtwelt zu rufen. Dann sage ich der Wesenheit – vermittelt durch den Klienten, der ja den direkten Kontakt zu ihr hat –, dass sie vor langer Zeit auch einmal in der Lichtwelt war, die sie dann aber verlassen hat. Ob sie sich daran erinnern kann? Manche fangen zögernd an, sich zu erinnern. Wenn nicht, bitte ich – durch den Klienten – den Engel, die Wesenheit daran zu erinnern. Das funktioniert immer. Ob sie nun dorthin zurückgehen möchte? Fast immer geht in diesem Moment eine ziemliche Verwandlung mit der Wesenheit vor. Oft verhält sie sich zunächst eher überheblich und arrogant, aber nun beschreibt der Klient häufig, dass die Wesenheit heller und sanfter wird. Es kommt sogar vor, dass sie sich bei dem Klienten entschuldigt. Sie ist nun bereit, ins Licht zu gehen, und wir bitten den Engel, sie dorthin zu bringen.

Durch bald 25 Jahre Erfahrung mit Rückführungen bin ich vom gnostisch-christlichen Weltbild überzeugt worden. Es bestätigt sich mir immer wieder – auch hier, wenn es um Seelen und Wesenheiten geht. Natürlich ist auch dieses Weltbild nur ein Denkschema, ein Modell und eine Annäherung an eine größere Wahrheit, die uns weitgehend verborgen bleibt, aber es dürfte der Wahrheit für unsere Hilfsabsichten genügend nahe kommen, da es sich in der Praxis gut bewährt hat.

Die Aura heilen

Wenn eine Seele oder eine Wesenheit ins Licht gegangen ist – manchmal hängen sich sogar mehrere an einen einzigen Menschen – ist es wichtig, dass die Aura der Person, oft sehr vereinfacht als das biomagnetische Energiefeld des Menschen beschrieben, geheilt wird. Der Helfer bestätigt eigentlich in allen Fällen, dass die Aura einen Schaden hat – eine Schwachstelle oder sogar ein Loch. Dort fand die Seele oder Wesenheit Halt. Wir bitten also den Helfer, die Aura zu heilen.

Wie entsteht denn so ein Schaden an der Aura? Er kann in einem starken Rausch entstehen, sei er durch einen sehr starken Alkoholrausch oder harte Drogen oder auch durch eine Narkose entstanden. Es kommt deshalb – aber wirklich sehr selten – sogar vor, dass sich eine Seele oder Wesenheit während einer Operation an die Aura hängt. Wenn eine Operation sein muss, ist es deshalb eine gute Idee, dass man sich rechtzeitig vor der Narkose vorstellt, in Licht gehüllt zu sein. Etwas anderes, das die Aura schwächt und sie schädigen kann, sind enorm starke negative Gefühle: zum Beispiel riesige Angst, Panik oder wahnsinnige Wut. Eine Frau, mit der ich arbeitete, hatte im Affekt ein »Astralwesen der Wut« angezogen, das dann bei ihr blieb …

Liebe ist auch hier der Weg

In früheren Zeiten – und manchmal auch heute noch – trieb man Seelen und Wesenheiten, die sich an einen Menschen klammerten, durch Exorzismus aus, also mit Beschwörungen und Drohungen. Das funktioniert offenbar auch, ist aber nicht der richtige Weg. Wenn man eine Seele wegtreibt, wird dieses arme Mitgeschöpf nur noch viel mehr verängstigt und verwirrt sein als ohnehin schon und sich schnellstens einen neuen »Wirt« suchen. Sie ist ja »eine Seele wie du und ich« – nur hat sie keinen Körper mehr. Das Liebesgebot gilt selbstverständlich auch für sie und sogar für die dunklen Wesenheiten. Die Letzteren kommen nach dem gnostischen Modell, wie wir, aus dem göttlichen Licht. Auch sie sind »gefallene Engel«, die nur eine Stufe tiefer fielen als wir …

16 *Die christliche Reinkarnationslehre*

Ist die Idee von der Wiedergeburt der Seele in verschiedenen Körpern unchristlich oder bloß unkirchlich? Das unmittelbar auf Jesu Lehre bauende und ihm zeitlich viel näher stehende Urchristentum und das kirchliche Dogma sind zweierlei. Das Dogma ist nach Meinung vieler – darunter auch einige Theologen – eine Abwandlung der Lehre Jesu, die sich mehr auf Paulus als auf Jesus bezieht. Die Geschichte zeigt deutlich, dass es hier vor allem um machtstrategische Zwecke ging. Das heutige Dogma lehnt die Reinkarnationslehre ab, aber dem Urchristentum war die Idee der Wiederverkörperung nicht fremd. Die Nachweise hierfür wurden jedoch zu einem großen Teil in der Kirchengeschichte vergraben.

Die Bibel äußert sich nirgendwo gegen die Reinkarnation. Die Bemühungen der Dogmatiker, eine Ablehnung dieser Lehre aus der Bibel herauszulesen, halten einer näheren – unter anderem sprachlichen – Überprüfung nicht stand. Dazu ein Beispiel. Fragt man einen Theologen, welche Bibelstelle dem Reinkarnationsglauben widersprechen würde, wird fast immer dasselbe Zitat genannt. Im Hebräerbrief steht: »Und wie es den Menschen gegeben ist, einmal zu sterben, danach aber ist das Gericht« (9,27). Also: einmal sterben = nur einmal leben. Allerdings finden wir im altgriechischen Wörterbuch alternative Übersetzungen des hier verwendeten Wortes *hapax*: ein (einziges) Mal, irgendeinmal, ein für allemal, auf einmal, wieder einmal. Anders übersetzt kann also die Bibelstelle sogar als Stütze für den Reinkarnationsgedanken gesehen werden.

Es gibt hingegen eine Reihe von Bibelstellen, die man direkter als Stütze für die Reinkarnationslehre verstehen kann. Dies ist nicht nur eine Deutungsfrage, sondern auch eine der Übersetzungen. Das

Dogma fordert eine vorgeschriebene Übersetzungsweise und übergeht die Tatsache, dass wichtige Bibelstellen auch anders übersetzt werden können, wodurch sie einen anderen Sinn bekommen. Was das Neue Testament betrifft, besteht das Problem, dass uns die in Aramäisch geschriebenen Urtexte nicht zur Verfügung stehen, sondern nur deren Übersetzungen ins Altgriechische. Übersetzungen sind immer auch Interpretationen des Übersetzers und können deshalb zu abgewandelten Auslegungen nach persönlichen Auffassungen oder dogmatischen Vorschriften werden. Man übersetzt so, wie man es versteht, verstehen will oder verstehen soll.

Es geht mir in diesem Kapitel besonders um den Nachweis (den ich sehr viel ausführlicher in meinem Buch *Reinkarnation, Christentum und das kirchliche Dogma* ausgearbeitet habe), dass die Reinkarnationslehre dem ursprünglichen Christentum nicht so fremd ist, wie man es später hat darstellen wollen und bis heute darstellt. Dass die Lehre auch zu fast allen anderen Kulturen und Religionen zumindest einmal gehört hat, ist ja weitgehend bekannt. Manche wollen den Ursprung der Lehre im Hinduismus sehen. Jedoch finden wir in der Geschichte beinahe jeder anderen Kultur und Religion ebenfalls Hinweise auf unterschiedliche Reinkarnationsvorstellungen – und das auch in Kulturen, die mit indischem Gedankengut keinerlei Berührung hatten. Es ist deshalb eher so zu sehen, dass die Lehre im Hinduismus und im Buddhismus überlebt hat, während sie in anderen Religionen und Kulturen verloren ging. Die großen Indianervölker Amerikas – und auch die kleineren Stämme – hatten solche Vorstellungen, ebenso Eskimos, Wikinger und Kelten. Der Glaube an die körperliche Wiedergeburt war auch in afrikanischen Stämmen und polynesischen Völkern verbreitet. Viele der alten griechischen Philosophen und Dichter schrieben darüber, unter anderen: Pythagoras, Plato, Orpheus, Plutarch, Plotin, Proclos. Eine Wiederverkörperungslehre war allerdings kein offizieller Bestandteil des alten Judentums, lässt sich jedoch in verschiedenen jüdischen Strömungen finden. Kabbalisten wie Isaak Luria und Chaim Vital schrieben darüber, und die Chassidim lehren noch heute die Reinkarnation. Im Islam ist es ähnlich wie im Christentum: Im Allgemeinen wird diese Vorstellung abgelehnt, aber die Drusen im Libanon, die Vesiden im Süden der Türkei sowie einige andere islamische Völker glauben daran. Auch haben einige mittelalterliche islamische Gelehrte Schriften über die Reinkarnation verfasst.

Die Buddhisten lehren die Reinkarnation, befinden sich aber in einem gewissen Dilemma. Da die meisten buddhistischen Strömungen die Existenz einer Seele ablehnen, haben sie Mühe zu erklären, wie es dann zur Reinkarnation kommen kann. Im tibetischen Buddhismus jedoch sind die Vorstellungen ein wenig anders, wie das *Tibetische Totenbuch* zeigt. Die Beschreibung dessen, was den Verstorbenen nach dem Tod erwartet, weist offensichtlich auf dessen Seelenzustand hin.

Beispiele von Bibelstellen, welche den Reinkarnationsgedanken stützen

Viel besprochen ist die Stelle, wo die Jünger Jesus fragen: »Wieso sagen denn die Schriftgelehrten, Elias müsse zuvor kommen?« Er antwortet: »... ich sage euch, dass Elias schon gekommen ist ...« (Matth. 17,10–13). Da verstanden die Jünger, dass er von Johannes dem Täufer sprach. Man hat nun wiederholt versucht, diese Bibelstelle nach dem Dogma »zurechtzudrehen«, obwohl die wörtliche Aussage am ehesten so verstanden werden kann: Johannes der Täufer war die Reinkarnation von Elias.

Ähnlich ist es mit der Heilung des Blindgeborenen. Wenn der Jünger fragt: »Meister, wer hat gesündigt? Dieser oder seine Eltern, sodass er blind geboren wurde?« (Joh. 9,2) denkt er ganz offensichtlich – zumindest – an die Existenz der Seele vor der Geburt, wenn nicht gar an die Reinkarnation. Sonst wäre die Formulierung seiner Frage unsinnig. Diese beiden Fälle wurden wiederholt diskutiert. Sie werden, mit anderen Bibelstellen, in meinem Buch (siehe oben) ausführlich besprochen.

Besonders interessant ist aber das Nikodemusgespräch. Jesus sagt: »… wenn nicht jemand von neuem geboren wird, kann er das Reich Gottes nicht sehen.« Nikodemus fragt: »Wie kann ein Mensch geboren werden, wenn er alt ist? Kann er wieder in den Leib seiner Mutter gehen und geboren werden?« (Joh. 3,3/4, vgl. Joh. 3,7). Er denkt also nicht daran, dass es eine neue Mutter sein müsste.

Moderne Bibelübersetzungen schreiben hier: »… wenn nicht jemand von oben her geboren wird …« Hier liegt ein außergewöhnlicher Fall von manipulativer Textverdunkelung in der Übersetzung vor. Das Wort, um das es sich hier handelt, ist im altgriechischen Text *anothen*, ein zweideutiges Wort, das tatsächlich sowohl »von oben her« wie auch »von neuem« bedeuten kann. Nun will das Dogma behaupten, dass Nikodemus Jesus deshalb missverstanden habe. Jesus habe »von oben her« gemeint und Nikodemus habe »von neuem« verstanden … Das ist offenkundiger Unsinn! Sie sprachen ja nicht Griechisch, sondern Aramäisch. Die aramäische Sprache hat hier kein entsprechendes doppeldeutiges, sondern ein eindeutiges Wort, das »von oben her« bedeutet (*mill'ela*) und ein ebenfalls eindeutiges Wort mit der Bedeutung »wieder, von neuem« (*tanyanut*). Ein Missverständnis kann deshalb gar nicht vorliegen und Jesus hat zweifellos »von neuem« gesagt!

Das Gespräch geht weiter und kommt zu einer rätselhaften Äußerung Jesu: »Der Wind weht wie er will, und du hörst wohl ein Sausen, aber du weißt nicht, woher er kommt, noch wohin er fährt. So ist es mit jedem, der aus Geist geboren ist« (Joh. 3,8). Was soll das bedeuten? Prüfen wir im altgriechischen Text nach, finden wir heraus, dass hier das Wort *pneuma* in zweierlei Bedeutung übersetzt wurde: erst als »Wind« und dann als »Geist«. Griechische Wörterbücher bezeugen, dass die Übersetzung »Wind« in Ordnung ist, dass aber die Deutung als »Geist« nur im übertragenen Sinne gilt. Das Wort hat aber in theologischen Zusammenhängen außerdem eine besondere Bedeutung, nämlich »Lebenshauch«, im Sinne von dem, was den Körper lebendig macht – also: die Seele. Somit können wir hier – sprachlich richtig – *pneuma* durchgehend mit »Seele« übersetzen. Damit kommen wir zur folgenden berichtigten Übersetzung: »Die Seele geht wie sie will und du hörst wohl ihr Flüstern, aber du weißt nicht, woher sie kommt, noch wohin sie [nachher] geht. So ist es mit jedem, der mit einer Seele geboren ist.« Dann spricht Jesus von der Existenz der Seele vor der Geburt – denn sie kommt ja von irgendwo her, existierte also schon vorher. Der Gedanke an die Reinkarnation, der bereits am Anfang des Nikodemusgespräches angedeutet wurde, liegt dann wirklich nicht mehr fern.

Gnostizismus – Säule des frühen Christentums

Die Gnostiker (»die Wissenden«) gehörten zu den Urchristen. Sie zu Ketzern zu erklären, war eine spätere Taktik von Kirchendogmatikern, um für das eigene abgewandelte Christentum der Konkurrenz den Boden zu entziehen. Zwar gab es verschiedene gnostische Richtungen und ein paar Auswüchse, denen weniger Bedeutung zuzumessen ist, jedoch war die Hauptströmung des Gnostizismus eine starke Säule des Christentums der ersten Jahrhunderte. Man hat in der heutigen Theologie zunächst ihre Lehre, die Gnosis, gern als im Grunde unchristlich darstellen und ihren Ursprung in einer *vorchristlichen* Gnosis sehen wollen, um ihre Bedeutung herunterzuspielen. Diese Strategie wurde vor allem von der deutschen religionsgeschichtlichen Forschung verfolgt. Jedoch haben neue bahnbrechende kritische Arbeiten von Religionsforschern wie C. Colpe dieses Bild heute verändert. In der angelsächsischen und französischen Forschung ist man hingegen schon lange der Ansicht, dass keiner der uns überlieferten gnostischen Texte auf eine vorchristliche Lehre zurückzuführen sei. Es gibt keine Beweise für einen Ursprung in einer noch älteren jüdischen Gnosis. Der Gnostizismus muss deshalb als eine frühe Form des Christentums gesehen werden.

Die Gnostiker lehrten die Reinkarnation, und einige von ihnen behaupteten sogar, dass Jesus zu seinen Jüngern über diese gesprochen habe. Das Bibelzitat: »Ich habe euch noch viel zu sagen, aber ihr könntet es jetzt nicht ertragen« unterstützt indirekt diese Behauptung.

Was Jesus nicht in der Öffentlichkeit sagte, sagte er ohne Zweifel seinen Jüngern im kleinen Kreis. Da er es aber eben nicht öffentlich sagte, wurde es nicht in die Bibeltexte mit aufgenommen. Die Gnostiker lehrten, dass hierzu die Reinkarnationslehre gehört habe.

Die alte gnostische Schrift *Pistis Sophia* erzählt, dass Jesus nach seiner Kreuzigung den Jüngern wieder erschien, um sie weiter zu belehren. Dabei sprach er direkt und deutlich von der Reinkarnation. Es gehört natürlich zur dogmatischen Strategie, diese Schrift als eine Fälschung zu bezeichnen, aber der Beweis steht bis heute aus.

Die Kirche in ihrer heutigen Gestalt entstand durch das Konzil in Nicäa 325. Es ist wiederholt behauptet worden, dass erst bei diesem Konzil die Reinkarnationslehre verworfen wurde, was sich aber nicht durch die heute noch erhalten gebliebenen Konzilsunterlagen belegen lässt – denn diese sind sehr unvollständig, was die Möglichkeit offen lässt, dass verloren gegangene Unterlagen diese Behauptung hätten bestätigen können. Bezeugt ist aber, dass Kaiser Konstantin viele der Anwesenden nicht zu Wort kommen ließ und eine Anzahl von Anträgen und Bittschriften ungeöffnet dem Feuer übergab. Vertretern einer gnostischen Reinkarnationslehre wurde wohl also keine Chance gegeben, ihre Auffassung darzulegen.

Trotz dieses Konzils bestanden urchristliche gnostische Lehren noch lange fort, vor allem in der Fassung des Origenes (185 bis ca. 253) und auch seines Nachfolgers Didymos (313–398), beide Lehrer der gnostischen Christengemeinde in Alexandrien. Origenes hat offensichtlich die Reinkarnationslehre vertreten, auch wenn sich Kirchendogmatiker sehr bemüht haben, das Gegenteil nachzuweisen. Dieser »Nachweis« basiert auf später entstandenen Textversionen, da die Originaltexte des Origenes zerstört wurden. Was uns heute noch erhalten geblieben ist, sind hauptsächlich einige lateinische Übersetzungen. Neuere Forschung, Schriftenfunde und sogar Bekenntnisse der Übersetzer selbst weisen nach, dass diese Versionen dem Dogma angepasst und somit zensiert und manipuliert sind. Dem Origenes wurde bereits von zeitgenössischen Kritikern vorgeworfen, eine häretische Lehre von der körperlichen Wiedergeburt zu vertreten.

Im 6. Jahrhundert kam es zu einer Verdammung von Origenes' Lehre von der Existenz der Seele vor der Zeugung und damit der Reinkarnationslehre, die ja eine solche Vorexistenz voraussetzt. Eine weit verbreitete Meinung ist, dass es beim Konzil in Konstantinopel 553 zu einer Verurteilung seiner Lehren kam. Die entsprechenden Bannflüche sind aber nicht Bestandteil der Konzilsbeschlüsse – obwohl man die Welt dies hat glauben lassen –, sondern sie wurden bereits 543 in einer Sitzung einer ständigen Synode auf Befehl des Kaisers Justinian festgelegt. Der Kaiser hat sie aber – zehn Jahre später – *vor* der Eröffnung jenes Konzils von den versammelten Bischöfen nachträglich unterzeichnen lassen. Deshalb ist die Lehre der Reinkarnation nie von einem angeblich »unfehlbaren« Konzil verurteilt worden, und es wurde den Christen nie wirklich verboten, an die Reinkarnation zu glauben.

Gnostische Lehren – und damit auch die Reinkarnationslehre – lebten trotz Bekämpfung durch die Kirche weiter. Eine bedeutende gnostische Bewegung, die Bogomilen, entstand im Balkangebiet, vor allem dort, wo das heutige Bulgarien ist. Der Name kann als »die Gottliebenden«, aber auch etwa als »Gottes Gnade« verstanden werden. Die Bogomilen brachten gnostische Lehren vom Balkan nach Südfrankreich, woraus das Katharertum entstand.

Im 13. Jahrhundert wurden die Katharer – die nach meiner Meinung wohl christlichste aller Bewegungen seit der Kirchengründung – in einem veritablen Völkermord durch die Kirchenmächte ausgerottet. Für die Katharer war die Liebe das wahre Sein, und sie bezeichneten sich als »gute Christen«. Sie nahmen die christlichen Grundwerte sehr ernst und achteten zum Beispiel das Gebot »Du sollst nicht töten« derart, dass sie streng vegetarisch lebten und sich lieber töten ließen als selbst ein Tier zu töten. Es wird erzählt, dass die Kirchengesandten einen Katharer unter anderem dadurch entlarvten, dass sie ihm ein Tier gaben: »Töte es oder wir töten dich!« Ein echter Katharer wählte das Letztere. Man hat auch sie als unchristlich hinstellen wollen. Ein modernes und umfassendes theologisches Lexikon, die *Theologische Realenzyklopädie* bezeugt jedoch: »Die Christlichkeit ihres Lebens, aber auch ihres Glaubens, ist in allen Punkten nachweisbar ... Vor allem die jüngere französische Forschung ... beweist, dass die Wertung der Katharer als ›unchristlich‹ nicht mehr aufrechterhalten werden kann.«

Im vorderasiatischen Raum entstand die ebenfalls reinkarnationsgläubige gnostische Lehre des Manichäismus – nach dem Begründer Mani so genannt – die sich besonders in Asien bis nach China, aber auch in Nordafrika ausbreitete und sich ein wenig mit östlichem Gedankengut vermischte. Auch diese hat man taktisch als »unchristlich« darstellen wollen. Das widerlegt wiederum die *Theologische Realenzyklopädie*: »... wenn man bedenkt, dass Mani aus dem judenchristlichen Täufertum, dann aus einem dem Markionitismus ähnlichen Gnostizismus stammt ..., wenn er sich selbst als Apostel Jesu Christi bezeichnet, so muss der Historiker die Initiative für die Gestaltung von Manis System in einem häretischen Christentum suchen ...«

Der Manichäismus versickerte viel später als das Katharertum im Sand der Geschichte. Zurück blieben lediglich Reste der gnostischen Lehren als Bestandteil verschiedener Geheimlehren.

Widersprüchliche und unlogische kirchliche Lehrsätze

Im 13. Jahrhundert entstand in der katholischen Kirche die Idee des Fegefeuers, die dem Urchristentum fremd und durch die Bibel nicht zu belegen ist. Unter anderen war es der amerikanische »Außenseitertheologe« Geddes MacGregor, der behauptete, dass diese Lehre des »Reinigungsprozesses« (das ist die eigentliche Bedeutung des lateinischen Wortes *purgatorium*, das mit Feuer nichts zu tun hat) eine dogmatisch umgemünzte Reinkarnationslehre sei. Ich sehe diese Meinung dadurch bekräftigt, dass die Fegefeuer-Lehre gleichzeitig mit der blutigen Vernichtung der Katharer entstand und zum Dogma erhoben wurde. Sie könnte sehr wohl aufgestellt worden sein, um sie der katharischen Reinkarnationslehre entgegenzustellen.

Doch es gibt noch andere dogmatische kirchliche Lehrsätze, die unlogisch und widersprüchlich und zudem durch die Bibel nicht belegbar sind. Vor allem sind sie vor dem Hintergrund eines liebenden Gottes nicht haltbar. Hierzu gehören:

1. »Die Seele wird erst bei der Zeugung erschaffen.« Dazu muss man sich fragen, weshalb Gott Seelen erschafft, denen beispielsweise schweres Leid durch Schicksal oder angeborene Fehlgestaltungen von Körper oder Geist vorprogrammiert sind, oder solche, die zum Beispiel – wie es sich manche vorzustellen scheinen – genetisch bedingt geradezu zum Verbrechertum vorbestimmt sind. Was für einen Sinn sollte das – ohne Reinkarnation – haben?
2. »Dieses Leben entscheidet endgültig, ob wir in den Himmel oder in die Hölle kommen.« Ein liebevoller Gott würde uns unreife und unwissende Menschen mit einer solchen endgültigen Entscheidung niemals überfordern.
3. »Eine verfehlte Seele ist auf ewig verdammt und muss für alle Zeit in der Hölle schmoren.« Dies widerspricht ebenfalls der Liebe Gottes. Eine ewige Hölle würde das Böse verewigen, und der Endzustand – so wie es nun einmal in der Welt aussieht – wäre ein klei-

nes Himmelchen gegenüber einer riesigen Hölle. Es ist auch eine geradezu lästerliche Unfähigkeitserklärung, wenn man behauptete, Gott sei nicht in der Lage, schließlich jede Seele zu retten.

4. »Der Mensch ist sündig geboren.« Eine schreckliche Ungerechtigkeit, wenn, wie die Kirche lehrt (Punkt 1), der individuelle Mensch noch gar nicht existierte, als in uralten Zeiten eine angebliche »Ursünde« begangen wurde.

5. »Körper und Seele sind untrennbar eins.« Diese Behauptung führt zu einer ganzen Reihe von Absurditäten. Von vielen seien hier zwei Punkte herausgegriffen: Wie soll der Körper wiederhergestellt werden, wie er einmal war, wenn seine Moleküle schon längst von Organismen der Erde oder vielleicht sogar von einem Raubtier verdaut und weit verstreut wurden, und weshalb soll ausgerechnet der Mensch für ewige Zeiten dazu verdammt sein, den physischen Körper wie einen »Klumpfuß« seiner Seele herumschleppen zu müssen, wo doch weder die Engel noch die Dämonen einen haben müssen? Würde der Körper – wie manche meinen – zwar wie einst, aber doch neu wiederhergestellt, warum dann nicht ganz neu, anders und besser? Wozu eine Kopie des alten Körpers? Mit diesen Fragen nähern wir uns doch der Reinkarnation … Das Dogma von der Untrennbarkeit von Körper und Seele ist in der Bibel nirgends belegt, sondern eine taktische Umdeutung der Seelenlehre des vorchristlichen Philosophen Aristoteles. Dieser schrieb, dass Körper und Seele in dem Sinne untrennbar seien, dass der Körper ohne Seele nicht leben könne, aber nicht umgekehrt. Trotzdem hat das Dogma diese Aussage umgedreht, um daraus herauslesen zu wollen, dass es die Seele ohne den Körper auch nicht geben könne.

Demgegenüber besagt die gnostische Reinkarnationslehre Folgendes:

1. Wir alle wurden mit der Schöpfung des Universums als Lichtwesen erschaffen. Eine große Zahl dieser Wesen fiel aber aus der göttlichen Lichtwelt heraus und wurde in niedrigere Bewusstseinszustände versetzt. Viele davon wurden, in Origenes' Worten, zu

»Seelen, die zur Strafe in Körper versetzt wurden, wie in Gefängnisse«. Erst dadurch wurde es notwendig, dass Gott die materiellen Welten als Aufenthaltsorte der Verkörperten erschuf.

2. Dieses menschliche Leben ist nur eine von vielen Verkörperungen der Seele, die wie Treppenstufen zurück zur göttlichen Lichtwelt führen.

3. Es gibt keine ewige Verdammnis. Es gibt jedoch auch eine Welt der dunklen Mächte. Eine Seele kann unter Umständen einen zeitlich begrenzten Aufenthalt in diesem Bereich benötigen, der aber nur so lange dauert, wie sie für ihre Umstimmung braucht. Nicht nur alle Seelen, sondern schließlich auch die Wesen jener Welt, werden früher oder später erlöst.

4. Der Mensch »erntet« als Folge unguter oder gar übler Taten ein dementsprechendes Karma (um ein zeitgemäßes Wort zu gebrauchen, das allerdings die Gnostiker nicht kannten) und muss dieses in aufeinander folgenden Verkörperungen »abarbeiten«. Das Karma ist keine Strafe, sondern beinhaltet Belehrungen durch Erfahrungen, die im Grunde Lektionen sind. Diese lassen uns oft am eigenen Leib erleben, was wir anderen zugefügt haben, wodurch wir auf der Seelenebene zur Einsicht sowie zu Reue und Umkehr kommen sollen.

5. Körper und Seele sind zweierlei. Die Seele hat keinen physischen Körper, aber sie trägt wie Kleider nacheinander verschiedene Körper als Vehikel, um in der materiellen Welt Erfahrungen zu machen. Diese Vehikel sterben unwiderruflich, wenn die Seele sie verlässt.

Die Reinkarnationsidee zieht sich wie ein roter Faden durch praktisch alle Kulturen und Religionen. Wo dieser Glaube heute nicht vorhanden ist, hat es ihn jedoch früher einmal gegeben. Warum ist das so? Zu allen Zeiten gab es in den Gesellschaften einige wenige Menschen, die von Spontanerinnerungen sprachen. Oft wurden sie, wenn sicher auch nicht ohne Skepsis, gehört und einigermaßen ernst genommen. So wird es auch in den jüdisch-christlichen Religionen gewesen sein. Auch hier gab es anfänglich – im Judentum noch heute – reinkarnationsgläubige Strömungen, die im Christentum während der ersten drei Jahrhunderte recht weit verbreitet waren, später hauptsächlich bei den Katharern und Manikäern. Die Gnostiker standen zeitlich – und eigentlich auch räumlich – Jesus näher, als die erst im 4. Jahrhundert entstandene Kirche. Sollten sie dennoch die Wahrheit weniger gekannt haben? Oder wurde ab dem Konzil in Nizäa die Kirche eine eher politische Institution der Glaubenssteuerung? In jedem Fall wurde es in der kirchlichen Epoche zunehmend gefährlich, von Dingen wie Spontanerinnerungen und Wiedergeburt zu sprechen. Da lauerte die Inquisition und es bestand sogar die Gefahr, auf dem Scheiterhaufen zu enden …

Heute ist der Reinkarnationsglaube in die westliche Kultur zurückgekehrt, um zu bleiben. Vielleicht ein Anlass, um unsere Wurzeln im Urchristentum neu zu überdenken, die in der Kirche verloren gingen … Es ist historisch gesehen jedenfalls nicht verkehrt, von einem christlichen Reinkarnationsglauben zu sprechen. Der große katholische Theologe Karl Rahner schrieb: »… ob nicht in der katholischen und zunächst so altmodisch anmutenden Vorstellung von einem ›Zwischenzustand‹ ein Ansatz gegeben sein könnte, um besser und positiv mit der … Lehre von einer ›Seelenwanderung‹, ›Reinkarnation‹ zurechtzukommen …«, und: »… wenn man die ungeheure Verbreitung dieser Vorstellung in Raum und Zeit erwägt …, dann kann man sich fragen, ob an dieser Lehre von der Seelenwanderung nicht doch etwas Richtiges sein könnte.«

Anmerkungen

1 Die chinesische Philosophie spricht von *hsìng* und *mìng*, die beide unsichtbar sind. *Hsìng* ist im Mensch die Natur seines Seins – also: das unbewusste Ich, wovon das höhere Selbst die höchste Ebene ist – und *mìng* ist sein Leben, sein Schicksal und der Wirkungsbereich seines Karmas und gehört zum bewussten Ich. Sie treten im Moment der Empfängnis auseinander. Dann wohnt der Ur-Geist, der Himmelsgeist, des Menschen (*yüán-shén*) – er wäre nach meiner Meinung spezifischer das höhere Selbst – am Ort zwischen den Augen und der bewusste Geist (*shíh-shén*) in der Tiefe des fleischlichen Herzens. »Wäre die Stille rein und lauter, würde das Licht [des höheren Selbstes] sich kristallisieren zur Dharma-Gestalt, deren verborgene Kraft allmählich alles zu durchdringen und die natürlichen Triebe zu beherrschen begänne. … Das irdische Bewusstsein [das bewusste Ich] ist wie ein mächtiger Feudalstaat oder ein rauer General, der den himmlischen Herrscher hintergeht und dadurch schwächt, um die Macht an sich zu reißen. Geschieht das lange genug, so gerät alles in größte Unordnung« (aus einem alten Text: *Das Geheimnis der Goldenen Blüte*). (Der im Text erwähnte Sanskrit-Begriff Dharma, manchmal als »Pflicht« übersetzt, ist gewissermaßen wie ein Gegenpol zum Karma und beinhaltet die geistige Aufgabe oder Lebensaufgabe des Menschen.)

2 Origenes (185–253 oder 254) war der größte gnostische Christenlehrer des 3. Jahrhunderts. Er schrieb sehr viele theologische Schriften, deren Originalversionen v. a. im 6. Jahrhundert von der Kirche größtenteils zerstört wurden. Übrig blieben fast nur einige zensierte lateinische Übersetzungen.

3 Hieronymus war ein früher Übersetzer und Kommentator von Origenes-Schriften, Rufinus ein späterer, dessen Übersetzungen uns allerdings besser erhalten geblieben sind.

4 Die Bezeichnung wurde vom Philosophen und Mathematiker Gottfried Wilhelm von Leibnitz (1646–1716) eingeführt, der 1710 eine größere Abhandlung über die Gerechtigkeit Gottes schrieb. Sie stammt aus den griechischen Wörtern *Theos* (Gott) und *dike* (Gerechtigkeit).

5 Dies ist eine Anspielung auf Theorien verschiedener Verfasser, darunter Erich von Däniken, Zecharia Sitchin, William Bramley, Arthur David Horn, David Icke, Robert Charroux und viele andere, sowie auf Volkserzählungen und Mythologien mancher Kulturen mit »Sternengöttern«. Zu den letzten gehören die Babylonier (deren Schöpfungsgeschichte auf den Keilschrifttafeln von Besuchern anderer Welten sprechen, die für »Götter« gehalten wurden; diese erschufen in einem genetisch anmutenden Vorgang Menschen, um sie als Arbeitskräfte zu verwenden), und Inkas (deren Hauptgott Viracocha von der Milchstraße her kam und nachher wieder dorthin zurückkehrte), nach einigen Interpreten auch Azteken, Ägypter und andere. Demnach könnten uns Wesen aus für uns nicht wahrnehmbaren Dimensionen – oder gar »Außerirdische« – besucht und sich dabei als »Götter« ausgegeben haben oder als solche von den Menschen aufgefasst worden sein. Manche kamen sicher in wohlwollender Absicht, andere angeblich, um uns auszubeuten (vgl. Kapitel 12). Man mag angesichts der Manipulation der Menschen durch die meisten Religionen und ihr oft kriegerisches Verhalten gegeneinander fragen, ob es auf der Erde noch eine reine, ursprüngliche und wahrhaftige Religion gibt, die von Fremdeinflüssen und Verfälschungen frei ist, oder ob wir zu einer solchen erst wieder zurückfinden müssen.

6 Einen Beitrag zur Fehldeutung wird wohl die Tatsache geleistet haben, dass das Wort »erkennen« – hebr. *jada* – im biblischen Text *auch* »Beischlaf haben« bedeutet. Hier wäre aber eine solche Interpretation ein offensichtliches Missverständnis, wie der Zusammenhang deutlich genug zeigt.

Referenzen

Zu Kapitel 1

Linda Tarazi: *Under the Inquisition, an Experience Relived*, Hampton Roads, Charlottesville VA, 1997.

Linda Tarazi: »An Unusual Case of Hypnotic Regression with Some Unexplained Results«, *Journal of the American Society for Psychical Research*, Vol. 84, No. 4, 1990, S. 309–344.

Linda Tarazi: »Antonias Reinkarnation«, *Sökaren*, 10/85 (Schweden), S. 222–224.

Edwin S. Zolik: »An Experimental Investigation of the Psychodynamic Implications of the Hypnotic ›Previous Existence‹ Fantasy«, *Journal of Clinical Psychology*, Vol. CIV, 1958, S. 179–183.

Edwin S. Zolik: »›Reincarnation‹ Phenomena in Hypnotic States«, *International Journal of Parapsychology*, Vol. IV, 1962, S. 66–78.

Reima Kampman und Reijo Hirvenoja: »Dynamic Relation of the Secondary Personality Induced by Hypnosis to the Present Personality«, in *Hypnosis at its Bicentennial*, hg. von Fred H. Frankel und Harold S. Zamansky, Plenum Press, New York, 1978.

Robert L. Snow: *Als ich Carrol Beckwith war. Spurensuche einer Reinkarnation*, Wilhelm Heyne, München, 2000.

Bruce Goldberg: *The Search for Grace*, Llewellyn, St. Paul (MN), 1997.

Morey Bernstein: *The Search for Bridey Murphy*, Doubleday, New York, 1989 (1. Auflage 1956). Deutsche Übersetzung: *Protokoll einer Wiedergeburt*, Knaur, München, 1973.

Jeffrey Iverson: *More Lives than One? The Staggering Evidence of the Bloxham Tapes*, Pan Books, London, 1982. Deutsche Übersetzung: *Leben wir öfter als einmal? Die Tonbandprotokolle des Hypnose-Therapeuten Arnall Bloxham*, Hirthammer, München, 1987.

Melvin Harris: *Investigating the Unexplained*, Prometheus, Buffalo NY, 1986.

Melvin Harris: »Are ›Past-Life‹ Regressions Evidence of Reincarnation?«, in *Free Inquiry*, Nr. 4, Bd. 6, 1986, S. 18–23.

Jan Erik Sigdell: *Reinkarnation, Christentum und das kirchliche Dogma*, Ibera, Wien 2002.

Jan Erik Sigdell: »Die christliche Reinkarnationslehre«, *Visionen*, Herrischried, 1/2003, S. 10–13.

Zu Kapitel 2

»***Hypnose*** f: Veränderte Bewusstseinslage i. S. eines partiellen Schlafes m. Beeinflussungsmöglichkeit (Aufnahmefähigkeit für den Willen des Hypnotiseurs) … Die H. tritt ein durch Erweckung der Vorstellung, dass d. Schlaf od. d. gewünschte Veränderung eintreten werden (Verbalsuggestion).«

Willibald Pschyrembel: *Klinisches Wörterbuch*, 225. Auflage, Walter de Gruyter, Berlin, 1986, S. 749.

»***Hypnose*** [die: grch.], ein schlafähnl. Zustand mit starker Bewusstseinseinengung u. Bindung an den Willen des *Hypnotiseurs* (Rapport), durch *Suggestion* hervorgerufen.«

Das neue Taschenlexikon, Bd. 6, Bertelsmann, Gütersloh, 1992, S. 284.

»***Hypnose*** (*l. -is*, *-is* von grch. hy'pnos, Schlaf): Schlafähnlicher Zustand nach Suggestion, durch höhere Suggestibilität charakterisiert.«

Acke Renander: *Medicinsk terminologi*, Nordiska Bokhandeln, Stockholm, 1967.

Jan Erik Sigdell: *Rückführung in frühere Leben. Emotionale Befreiung durch Reinkarnationstherapie ohne Hypnose*, Scherz, Bern, 1998.

Florence Wagner McClain: *A Practical Guide to Past Life Regression*, Llewellyn, St. Paul (MN), 1987.

Ursula Markham: *Regression Therapy Using Hypnosis*, Piatkus, London, 1995.

Kreisen des Lichtes. Die Erfahrung der Goldenen Blüte, übers. v. Mokusen Miyuki, Otto Wilhelm Barth, Weilheim/Obb., 1991.

Das Geheimnis der Goldenen Blüte, übers. v. Richard Wilhem und kommentiert von C. G. Jung, Walter, Olten, 3. Aufl. 1971.

Zu Kapitel 3

Wir lesen zum Beispiel in *Garuḍa Purāṇa*: »Ein Bettler wird, wenn er von der Hölle zurückkommt, als Wurm geboren. Ein Brahmin, der seinen

Lehrer betrügt, wird als Hund geboren. Begehrt er in Gedanken die Frau oder den Besitz seines Lehrers, wird er zweifellos als ein Hund geboren. Gleicherweise wird, wer seine Freunde nicht achtet, als Esel wiedergeboren. Eine Person, die ihre Eltern plagt, wird als eine Schildkröte geboren. Wenn ein Diener, auf den sich sein Herr verlässt und dessen Speise er isst, ihn durch Täuschung betrügt, wird er nach seinem Tode als Affe wiedergeboren. Wer ihm anvertrauten Besitz veruntreut, wird nach dem Höllenleid als Wurm wiedergeboren.« usw.

The Garuḍa Purāṇa, Teil II: Ācāra Kāṇḍa, Motilal Banarsidass, Delhi, 1979, Kap. 225, S. 664 ff.

Ein indisches Büchlein beschreibt auf acht Seiten, welche Krankheiten auf welche Taten folgen: »Wer andere beleidigt, Versprechen bricht ..., bekommt mentale Angstzustände und Schmerz. Wer das Loch einer Ratte oder einer Schlange versperrt ..., bekommt Asthma, Lungenkrankheiten ... Wer einen anderen mit giftigen Instrumenten verletzt, wird Skorpionstiche und Schlangenbisse erleiden. Wer andere unterdrückt und sie in übermäßiger Eitelkeit und übertriebenem Stolz dauerhaft versklavt, bekommt Elephantiasis.« usw.

Sri Swami Sivananda: *Karmas and Diseases*, The Divine Life Society, Sivanandanagar, 1962.

Antoine de Saint-Exupéry: *Der kleine Prinz*, Karl Rauch, Düsseldorf, o. J., Kapitel XXI.

Jan Erik Sigdell: *Reinkarnation, Christentum und das kirchliche Dogma*, Ibera, Wien 2002.

Zu Kapitel 4

Vergleiche das »Märchen vom Ego und vom unbewussten Ich«, Seite 20–27 in: Jan Erik Sigdell: *Rückführung in frühere Leben. Emotionale Befreiung durch Reinkarnationstherapie ohne Hypnose*, Scherz, Bern, 1998.

Zu Kapitel 5

Jan Erik Sigdell: *Rückführung in frühere Leben. Emotionale Befreiung durch Reinkarnationstherapie ohne Hypnose*, Scherz, Bern, 1998.

Zu Kapitel 6

Michael Newton: *Journey of Souls*, Llewellyn, St. Paul (MN), 4. Druck 1997. Deutsche Übersetzung: *Die Reisen der Seele*, Edition Astroterra, Wettswil (CH), 1996.

Michael Newton: *Destiny of Souls*, Llewellyn, St. Paul (MN), 5. Druck 2002. Deutsche Übersetzung: *Die Abenteuer der Seelen*, Edition Astroterra, Wettswil (CH), 2001.

Jan Erik Sigdell: *Reinkarnation, Christentum und das kirchliche Dogma*, Ibera, Wien 2002.

Origenes: *Vier Bücher von den Prinzipien*, übers. v. Herwig Görgemanns und Heinrich Karpp, Wissenschaftliche Buchgesellschaft, Darmstadt, 1985.

Hugo S. Verbrugh: *… wiederkommen*, Verlag Freies Geistesleben, Stuttgart, 1982.

Zu Kapitel 7

Henry G. Tietze: *Botschaften aus dem Mutterleib. Pränatale Eindrücke und ihre Folgen*, Knaur, München, 1986.

Thomas Verny: *Das Seelenleben des Ungeborenen*, Roger & Bernhard, München, 1981.

Zu Kapitel 8

Michael Rutter: *Maternal Deprivation Reassessed*, Penguin, London, 1991. Professor Rutter bezieht sich u. a. auf bahnbrechende Arbeiten von John Bowlby. Deutsche Übersetzung: *Bindung und Trennung in der frühen Kindheit. Forschungsergebnisse zur Mutterdeprivation*, Juventa, Weinheim, 1978.

Susan Forward: *Toxic Parents. Overcoming Their Hurtful Legacy and Reclaiming Your Life*, Bantam, New York, 1990. Deutsche Übersetzung: *Vergiftete Kindheit. Elterliche Macht und ihre Folgen*, Goldmann, München, 1993.

Sie schreibt: »Es ist wirklich nicht notwendig, den Eltern zu verzeihen, um sich mit sich selbst besser zu fühlen und sein Leben zu ändern!« Damit bin ich keineswegs einverstanden. Erst wenn wir aus dem Herzen verzeihen können, werden wir endgültig frei! Sonst tragen wir Groll und Hass zumindest unbewusst weiter mit uns und sind selbst nicht voll liebensfähig, weil wir am Trauma der Kindheit haften … Versteht man, warum eine Verletzung geschehen ist – u. a. aus dem karmischen Zusammenhang heraus – kann man immer verzeihen.

Zu Kapitel 9

John Gray: *Mars and Venus in the Bedroom. A Guide to Lasting Romance and Passion*, Harper Perennial, New York, 1997. Deutsche Übersetzung: *Mars, Venus und Eros*, Goldmann. München, 2003.

Hermann und Eva-Maria Meyer: *Das Urprogramm der Partnerschaft*, Trigon, München, 2000.

Zu Kapitel 10

William J. Baldwin: *Spirit Releasement Therapy. A Technique Manual*, Human Potential Foundation Press, Falls Church (VA), 1992.

Zu Kapitel 11

Ian Stevenson: *Where Reincarnation and Biology Intersect*, Praeger, Westport (CT), 1997. Deutsche Übersetzung: *Reinkarnationsbeweise. Geburtsnarben und Muttermale belegen die wiederholten Erdenleben des Menschen*, Aquamarin, Grafing, 1999.

Diese Ausgabe ist eine stark gekürzte Fassung des folgenden sehr umfassenden zweibändigen Werks:

Ian Stevenson: *Reincarnation and Biology. A Contribution to the Etiology of Birthmarks and Birth Defects*, Bd. 1 und 2, Praeger, Westport (CT), 1997.

Louise L. Hay: *Heile Deinen Körper*, Lüchow, Stuttgart, 2003.

Louise L. Hay: *Gesundheit für Körper und Seele*, Heyne, München, 2001.

Thorwald Dethlefsen und Rüdiger Dahlke: *Krankheit als Weg*, C. Bertelsmann, München, 1983.

Rüdiger Dahlke: *Krankheit als Sprache der Seele*, C. Bertelsmann, München, 1992.

Zu Kapitel 12

Eberhard Schrader: *Die Keilinschriften und das Alte Testament*, 2. Aufl., J. Ricker, Gießen, 1883.

Alexander Heidel: *The Babylonian Genesis*, The University of Chicago Press, Chicago, 1960.

Zecharia Sitchin: *The 12th Planet*, Avon, New York, 1978. Deutsche Übersetzung: *Der zwölfte Planet*, Kopp, Rottenburg, 2003.
Walter Dietrich und Martin A. Klopfenstein (Hg.): *Ein Gott allein? JHWH-Verehrung und biblischer Monotheismus im Kontext der israelitischen und altorientalischen Religionsgeschichte*, Universitätsverlag, Freiburg (CH), 1994. Vorträge am 13. Kolloquium der Schweizerischen Akademie der Geistes- und Sozialwissenschaften 1993.

Zu Kapitel 14

Ruth Montgomery: *Threshold to Tomorrow*, Fawcett Crest/Ballantine, New York, 1984.
Joseph A. Madera, Athene L. Freeman und Ron L. Reddy: *Morning Star*, Triad Communications, Sedona (AZ), 1989.

Zu Kapitel 15

Edith Fiore: *The Unquiet Dead*, Ballantine, New York, 1988. Deutsche Übersetzung: *Besessenheit und Heilung*, Silberschnur, Güllesheim, 1999.
William J. Baldwin: *Spirit Releasement Therapy. A Technique Manual*, Human Potential Foundation Press, Falls Church (VA), 1992.
Hans Naegeli(-Osjord): *Besessenheit und Exorzismus*, Otto Reichl, Remagen, 1983.
Hans Naegeli(-Osjord): *Umsessenheit und Infestation*, R. G. Fischer, Frankfurt/M., 1994.

Zu Kapitel 16

Encyclopaedia Judaica, Bd. 7, Keter, Jerusalem, 1971, Sp. 573–577, Wort *Gilgul* (von G. Sholem).
Enzyklopaedie des Islam, Bd. IV, Brill, Leiden und Harassowitz, Leipzig, 1934, Wort *Tanāsukh*.
Das tibetanische Totenbuch, nach der Ausgabe von W.Y. Evans-Wentz, übers. v. Louise Göpfert-March, Walter-Verlag, Olten und Freiburg i. Br. 1972.
Die *Pistis Sophia*, zusammen mit *Die beiden Bücher des Jeú* und *Unbekanntes altgnostisches Werk*, Bd. 1 der Reihe »Koptisch-Gnostische Schriften«, hg. v. Carl Schmidt, Akademie-Verlag, Berlin (Ost), 1981.
Jan Erik Sigdell: *Reinkarnation, Christentum und das kirchliche Dogma,* Ibera, Wien, 2001.

Jan Erik Sigdell: »Die christliche Reinkarnationslehre«, *Visionen*, Herrischried, 1/2003, S. 10–13.

Origenes: *Vier Bücher von den Prinzipien*, übers. v. Herwig Görgemanns und Heinrich Karpp, Wissenschaftliche Buchgesellschaft, Darmstadt, 1985.

TRE – Theologische Realenzyklopädie, hrsg. v. Gerhard Müller, Bd. XIII, Walter de Gruyter, Berlin, 1984, S. 519–550: zum Gnostizismus.

TRE – Theologische Realenzyklopädie, hrsg. v. Gerhard Müller, Bd. XXII, Walter de Gruyter, Berlin, 1992, S. 25–45: zum Manichäismus.

TRE – Theologische Realenzyklopädie, hrsg. v. Gerhard Müller, Bd. XVIII, Walter de Gruyter, Berlin, 1989, S. 21–30: zum Katharertum.

Geddes MacGregor: *Reincarnation as a Christian Hope,* MacMillan, London, 1982.

Geddes MacGregor: *Reinkarnation und Karma im Christentum,* Bd. 1, Aquamarin, Grafing, 1985.

Aristoteles: *Über die Seele*, übers. v. Willy Theiler, Bd. 13 in der Reihe »Aristoteles Werke in deutscher Übersetzung«, Akademie Verlag, Berlin, 1994.